Marion und Werner Tiki Küstenmacher

MANDALAS

aus aller Welt

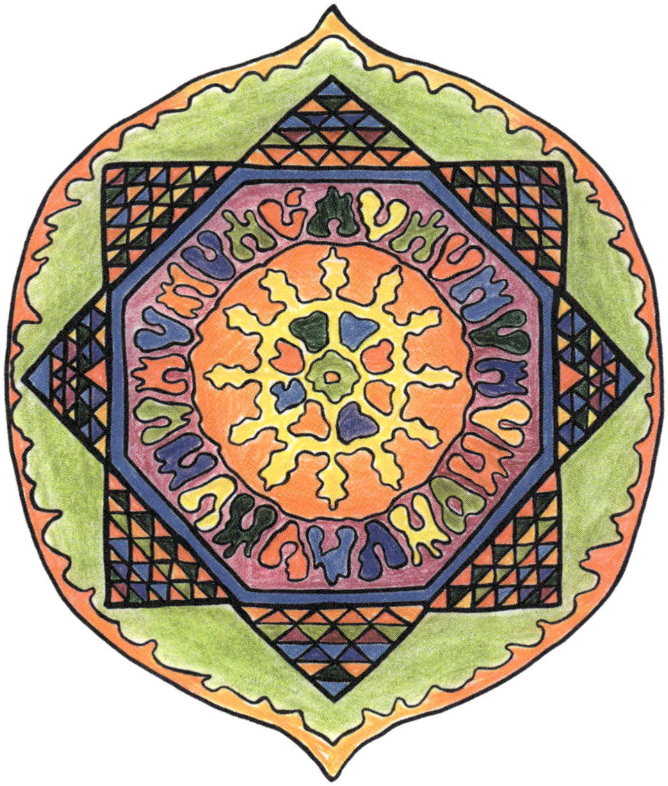

Texte: Marion Küstenmacher
Zeichnungen: Lukas und Werner Tiki Küstenmacher

Bassermann

Inhalt

Vorwort 3

Einführung 4

Mandalas als Weg zur Mitte 4

Mandalas als Symbole des Selbst 4

Warum farbig ausmalen? 5

Wie ausmalen? 5

Farbe als Kunstwerk von Auge und Gehirn 6

Farbe als Energieträger 7

Farben und ihre Wirkung auf die Psyche 7

Christliche Farbensprache 9

Die Verwendung der Farben in den indianischen Kulturen 9

Die Farben in der jüdischen Mystik 10

Die Farbsymbolik des alten China 11

Farben und Chakren 12

Die Farben der sieben Chakren im Einzelnen 13

Astrologie, Planeten und Farben 13

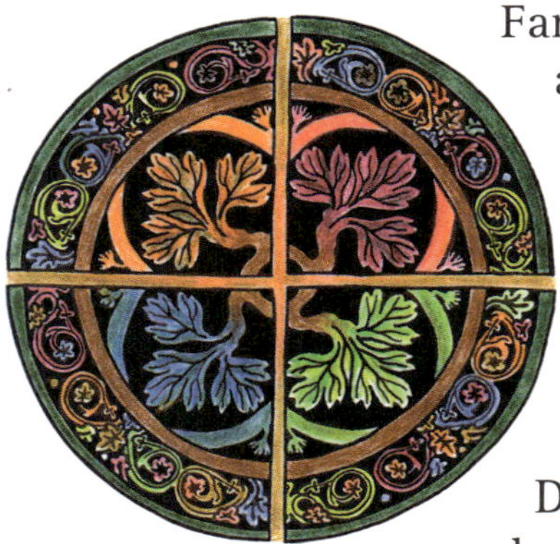

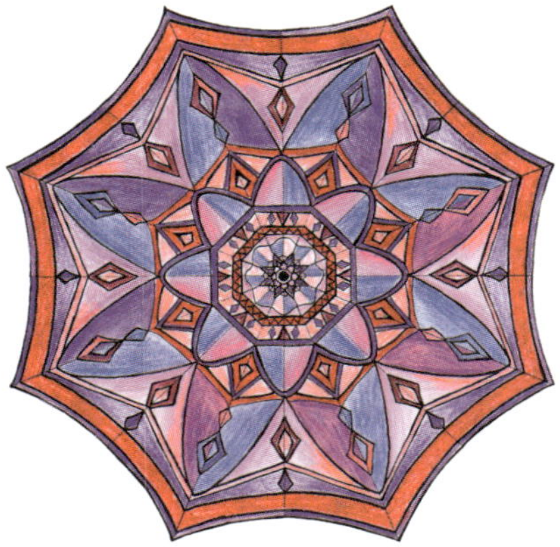

Farbtherapien 14

Goethes Farbenlehre 15

Die Farbenkugel von Philipp Otto Runge 16

So weit die Theorie 16

Mandalas zum Selbstausmalen 17

Register 156

Mandalas nach Motiven 156

Mandals nach Epochen und Kulturkreisen 157

Titel der Mandalas 159

Impressum/Autoren 160

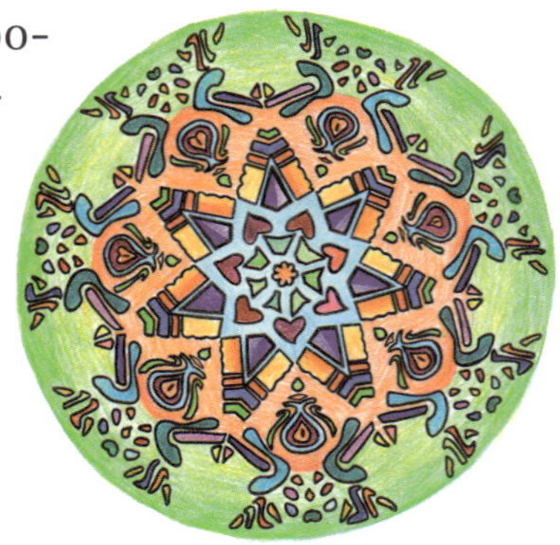

Vorwort

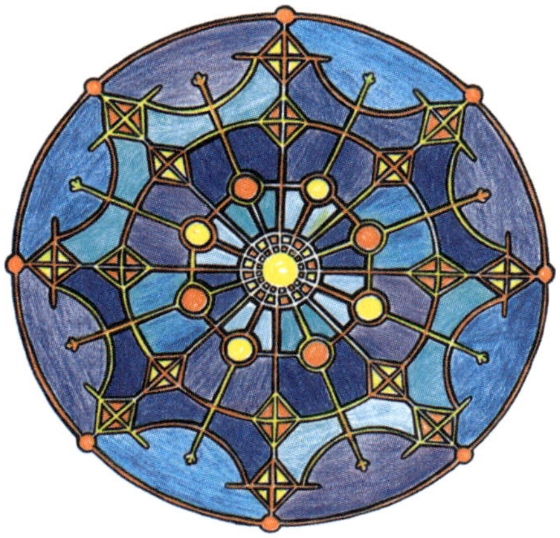

Detail aus einem Entwurf für die Gartenanlagen von Schloss Schwetzingen, um 1770

Als vor 15 Jahren unser erstes Mandalabuch mit historischen Motiven aus sechs Jahrtausenden erschien, hatten wir doppelten Anlass zur Freude. Unsere jüngste Tochter wurde am selben Tag geboren. Die intensive Beschäftigung mit den Mandalas hatte einen außerordentlich positiven Einfluss auf diese nicht so einfache Schwangerschaft gehabt. Das monatelange Mandalamalen hatte sich als die ideale Begleitung erwiesen. Es hat für die Ruhe und Hinwendung nach innen gesorgt, die einer Schwangeren und ihrem Ungeborenen so gut tun. Mandalas, das wissen wir seitdem, haben eine besondere Kraft, uns auf stille und heilsame Weise in den umfassenden Rhythmus des Lebens einzubeziehen.
Viele Leserinnen und Leser haben uns durch Mails, Briefe und in persönlichen Gesprächen berichtet, dass das Ausmalen von Mandalas keineswegs nur etwas für Kinder ist. Eine Kulturpädagogin konzipierte Volkshochschulkurse auf der Basis unseres Buches und konnte den Teilnehmern das Gefühl vermitteln, »einen einfachen Weg zu haben, um zu sich selbst zu kommen«.
Ein Exerzitienbegleiter berichtete, welche kostbaren Gesprächsansätze sich für ihn und die von ihm begleiteten Menschen aus der gemeinsamen Betrachtung eines von ihnen ausgemalten Mandalas ergaben.
Ein Werkstattleiter in einer der größten deutschen Strafvollzugsanstalten schenkte uns ein gotisches Mandala aus unserem Buch, das seine Häftlinge als aufwendige Laubsägearbeit hergestellt hatten. Er schrieb uns dazu: »Vielen hier öffnete sich damit zum ersten Mal der innere Blick für etwas Schönes und Ganzes.«

Außerordentlich bewegend war der Anruf einer an Brustkrebs erkrankten Frau. Sie berichtete, dass sie dank der Beschäftigung mit den Mandalas weniger Schmerzmittel brauche, um mit den Belastungen ihrer Chemotherapie fertig zu werden.
Eine ganz besondere Erwähnung und großen Dank verdient unser Sohn Lukas. Er hat uns sowohl bei der Motivauswahl und Textrecherche fachkundig unterstützt wie auch über Monate hinweg mehr als die Hälfte der hier vorgestellten Mandalas gezeichnet. Mit wachsender Begeisterung für die Schönheit der alten Kreisbilder stieg auch sein Respekt vor der Weisheit, die sich in ihnen verbirgt, aber jederzeit zu sprechen beginnen kann.
So hoffen wir, dass auch dieser zweite Band mit zahlreichen neuen Mandalas aus vielen Epochen und Kulturen unseren Leserinnen und Lesern das vermittelt, was das Ziel aller Mandalas ist: ein dichtes Gefühl für die eigene Mitte und die Schönheit des Selbst, das sich in immer neuen Bildern und Farben auszudrücken versteht.

Marion und Werner Tiki Küstenmacher

Einführung

Mandalas als Weg zur Mitte

Das Wort Mandala stammt aus dem altindischen Sanskrit und bedeutet »Kreis«. Es bezeichnet ein Symbol, das sich in allen Kulturen und in der Natur bei Tieren und Pflanzen findet. Die ältesten Mandalabilder der Welt stammen aus der Alt-Steinzeit, sind in Felsen geritzt und mindestens 25 000 Jahre alt. Seitdem begleitet es als Urbild die Menschheit. Es verbindet uns mit den tiefsten Schichten unseres Unbewussten. Die Anziehungskraft der Mandalabilder ist darum für moderne Menschen genauso groß wie für Menschen der Antike oder des Mittelalters. Immer bildet der Mandalakreis eine Halt gebende Grenze für die vielen Elemente in uns, die auseinanderstreben oder sich gegenseitig ins Chaos stürzen könnten. Das funktioniert bei allen Menschen, unabhängig von ihrer Herkunft oder Kultur. Im Symbol des Mandalas lässt sich etwas ganz Elementares erleben: Geborgenheit finden zu können in einer Mitte. Das Mandala hält das Ganze zusammen und ist darum selbst ein Symbol für das Ganze.

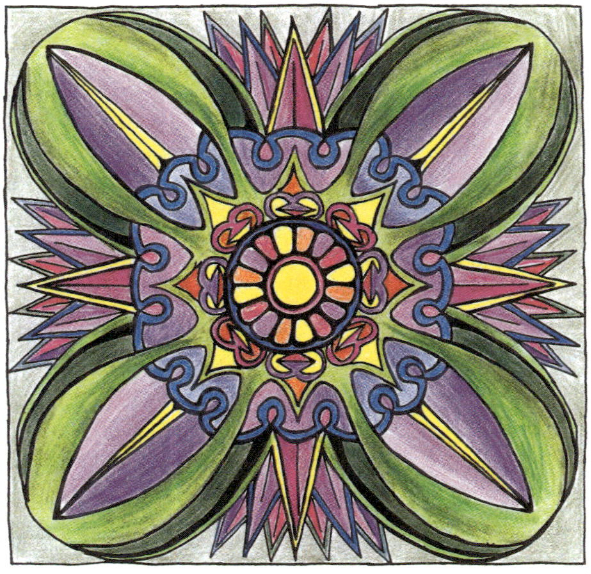

Lotusförmig behauene Fußbodenplatte, Palast des Königs Assurbanipal, Mosul, Irak, um 670 vor Christus

Mandalas als Symbole des Selbst

Der berühmte Schweizer Arzt und Begründer der Tiefenpsychologie, C. G. Jung, führte seine bahnbrechende Entdeckung des Selbst zurück auf seine persönliche Beschäftigung mit Mandalas. Monatelang skizzierte er täglich ein Mandala und lernte anhand dieser Bilder seine eigenen »psychischen Wandlungen« zu beobachten und zu deuten. Jung schreibt:

»Nur allmählich kam ich darauf, was das Mandala eigentlich ist: ›Gestaltung – Umgestaltung, des ewigen Sinnes ewige Unterhaltung‹. Und das ist das Selbst, die Ganzheit der Persönlichkeit. Meine Mandalabilder waren Kryptogramme über den Zustand meines Selbst, die mir täglich zugestellt wurden. Ich sah, wie das Selbst, das heißt meine Ganzheit, am Werke war. Ich hatte das deutliche Gefühl von etwas Zentralem, und mit der Zeit gewann ich eine lebendige Vorstellung des Selbst.«

Jung nannte das Mandala einen »Ausdruck für alle Wege. Es ist der Weg zur Mitte«. Die Mitte zu erreichen, so Jung, ist das Ziel unserer innerseelischen Bemühungen zur Selbstwerdung. Und das Mandalamalen ist eine der besten Unterstützungsmöglichkeiten, die wir dafür haben. Die kontemplativen Schulen der verschiedensten Religionen haben darum immer wieder Mandalabilder als Mittel zur Versenkung genutzt.

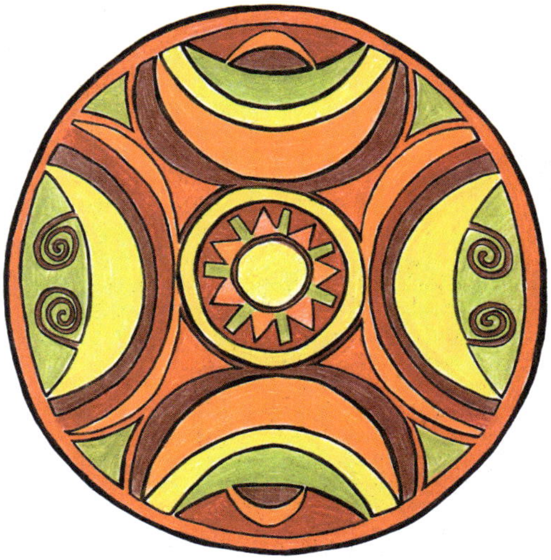

Detail eines Holzstuhls mit Drahtdekor, Volkskunst aus Malindi, Kenia, 20. Jahrhundert

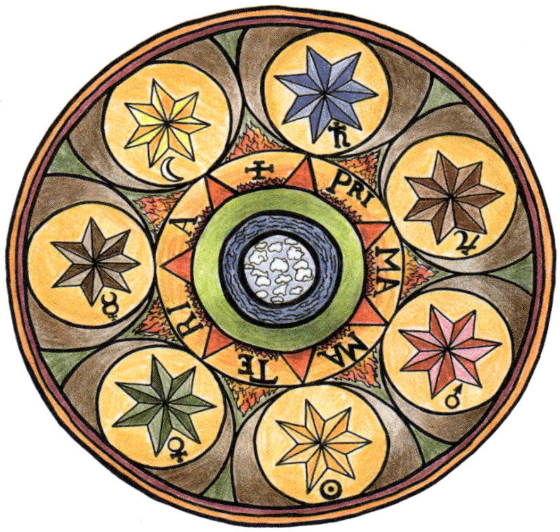

Johann Conrad Barchusen, Elementa Chemiae, Leiden, 1718, Kantonsbibliothek Vadiana St. Gallen, Schweiz

Warum farbig ausmalen?

Alle in diesem Buch abgebildeten Motive haben historische oder aus der Natur stammende Vorbilder und wurden von uns ausschließlich mit der Hand gezeichnet. Computergenerierte Mandalavorlagen wirken oft steril, weil ihnen die lebendige Linie fehlt, die Kunst und Natur auszeichnet. Es ist einfach etwas anderes, ob ein Stein von einem Steinmetz handwerklich bearbeitet wurde (und darum den Geist einer bestimmten Persönlichkeit und Epoche atmet) oder ob er das Produkt einer computergesteuerten Fräse ist.
Beim Ausmalen werden Sie darum immer wieder feine Unterschiede in den sich wiederholenden Strukturen entdecken. Sie bringen eine eigene Rhythmik ins Bild. Gerade diese kleinen »Fehler«, Unregelmäßigkeiten oder Abweichungen machen den Reiz originärer Mandalas aus. Aus einer schwarz-weißen Mandalazeichnung ergibt sich darum für Sie beim Kolorieren die persönliche Erfahrung eines natürlichen und lebendigen Gestaltungsprozesses, der Ihre Kräfte in Richtung Mitte lenkt.

Wie ausmalen?

Der zweite Aspekt beim Kolorieren betrifft Ihre bewussten oder unbewussten Entscheidungen beim Auswählen der Farben. Beobachten Sie sich einmal selbst beim Ausmalen eines Mandalas: Wer entscheidet darüber, welche Farbe wo die richtige ist? Ihre Stimmung? Ihr Bauchgefühl? Ihre Phantasie? Ihr Verstand? Ihr Kunstsinn? Achten Sie auch darauf, welchen Spielraum Ihnen die Farben selbst geben. Mit Buntstiften können Sie die Farbintensität variieren und die Farben zart oder dick auftragen. Sie können die Flächen gleichmäßig einfärben oder schattieren. Sie können mehrere Farbtöne innerhalb

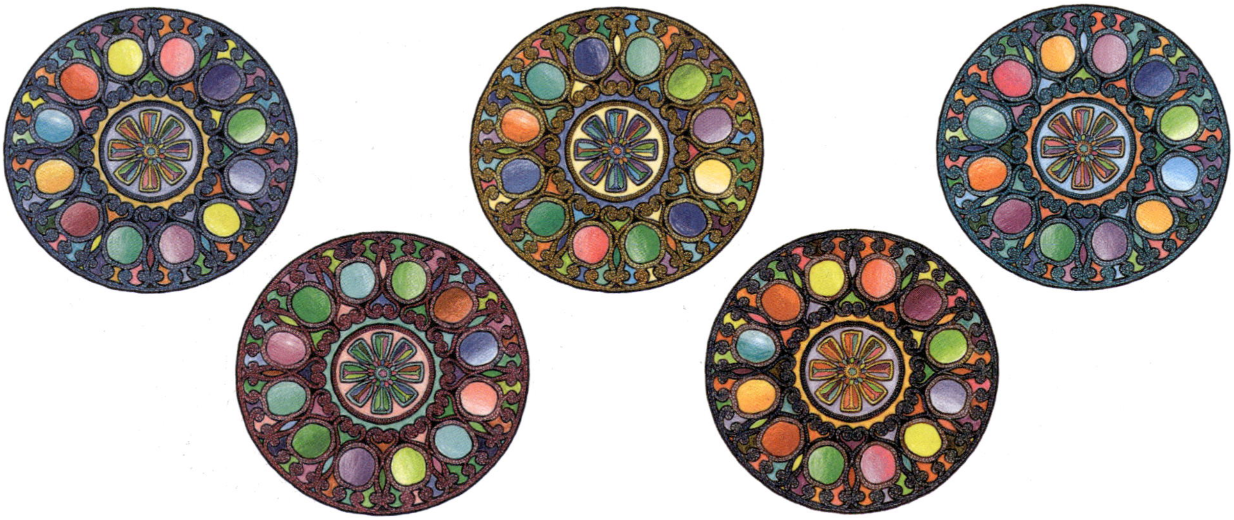

Die Vielfalt der Ausmalmöglichkeiten zeigt dieses Deckenmosaik aus Schloss Neuburg an der Donau (ausführliche Legende Seite 112)

einer Fläche mischen. Und Sie können durch eine symmetrische Wiederholung bestimmter Farben eine zusätzliche ordnende Kraft in Ihr Mandala bringen. Scheuen Sie sich nicht, Ihren inneren Impulsen zu folgen, wenn es darum geht, ob Sie ein Mandala lieber von außen nach innen oder in einer ganz anderen Reihenfolge kolorieren möchten. Es gibt keine Regel. Entscheidend ist, dass Sie – einer inneren Bewegung folgend – sich dem Prozess der Farbwerdung anvertrauen.

Farbe als Kunstwerk von Auge und Gehirn

Das Geheimnis der Farben lässt sich nicht ausschließlich physikalisch erklären, denn Farbe wird erst in unserem Auge und im Gehirn erzeugt.
Mit Hilfe von 120 Millionen Sinneszellen für Hell-Dunkel-Sehen (Stäbchen) und Farben-Sehen (Zapfen) empfängt die Netzhaut Lichtreize und schickt sie über Nervenbahnen ins Gehirn, wo sie in Farbempfindungen verwandelt werden.
Welche Farben Sie sehen, hängt davon ab, mit welcher Wellenlänge die Dinge der Außenwelt das Sonnenlicht zurückstrahlen. Reflektiert eine Oberfläche nur kurze Wellen, sehen Sie Blau. Bei mittelwelligen Lichtstrahlen erkennen Sie Grün, bei langwelligen Rot. Mischfarben wie Orange, Rosa, Braun, Violett oder Türkis sehen Sie, sobald eine Oberfläche auf zwei verschiedenen Wellenlängen Licht zu den Zapfen der Netzhaut sendet.
Empfangen alle drei Zapfentypen gleichzeitig Wellensignale, hat Ihr Gehirn den Eindruck, dass alles weiß ist. Wird von den Zapfen überhaupt kein Licht empfangen, erscheint die Welt schwarz. Von Farbenblindheit spricht man, wenn eine der drei Zapfensorten ausfällt. Bis heute weiß man jedoch noch nicht, ob zwei Menschen, die den gleichen Gegen-

stand sehen, auch die gleiche Farbe dazu im Gehirn wahrnehmen. Farbempfinden ist immer subjektiv und wird auch von der Persönlichkeit mitbestimmt. Mit dieser Thematik befassen sich die verschiedensten Farbtheorien in Kunst, Philosophie und Psychologie.

Farbe als Energieträger

»Farben sind Strahlungskräfte, Energien, die auf uns in positiver oder negativer Weise einwirken, ob wir uns dessen bewusst sind oder nicht.« So schreibt der Kunstpädagoge Johannes Itten in seinem Standardwerk »Kunst der Farbe«. Die wechselnden Farben in der Natur, die Farben unserer Kleidung, unserer Häuser, Räume, Möbel und Gebrauchsgegenstände, sie alle beeinflussen die menschliche Psyche, heben oder dämpfen unsere Stimmung, regen an oder schrecken ab, motivieren oder blockieren.
Für Farbforscher sind die Grundmuster allgemeingültig, auch wenn die emotionale Wahrnehmung einer Farbe jeweils vom individuellen Gemütszustand und von der Gesamtpersönlichkeit eines Menschen abhängt. Ein Optimist wird auch dunklere Farben positiver wahrnehmen als ein Pessimist oder gar ein Depressiver.

Farben und ihre Wirkung auf die Psyche

Die Psychologie hat erforscht, welchen Einfluss Farben auf unsere Gefühle haben. Dabei konnte ein natürliches, allgemeines Farbempfinden ausgemacht werden, das jeder Farbe einen emotionalen »Hauptakzent« zuspricht.

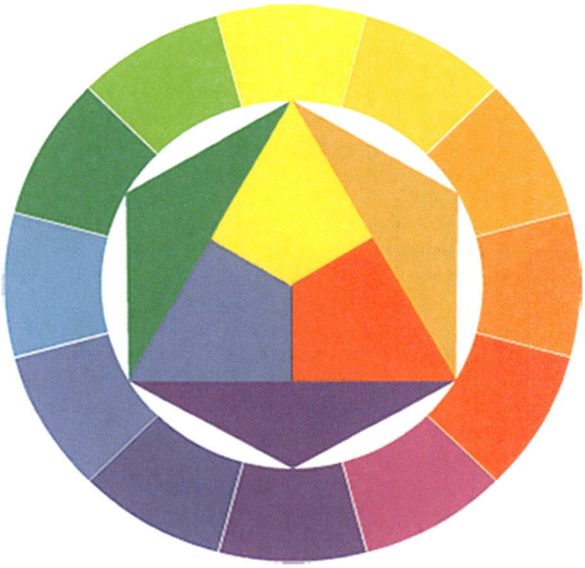

Der Farbkreis von Johannes Itten

Die Verwandtschaftsbeziehungen der Farben:
Das Zentrum des Farbkreises bilden die drei Primärfarben Rot, Blau und Gelb, also reine, ungemischte Farben.
Darum gruppieren sich die Sekundärfarben Orange, Grün und Violett, die sich jeweils aus einem Paar Primärfarben mischen lassen. Braun entsteht erst aus weiteren Mischungen. Weiß und Schwarz bilden die äußeren Grenzwerte der Farbskala.
Die Grundfarben Gelb, Blau und Rot sind polar angeordnet, das heißt, als Farben mit gegensätzlicher Wirkung stehen sie sich im inneren Farbkreis gegenüber.

Die moderne Interpretation der wichtigsten Farben:

Gelb: hell, leicht, offen, großzügig, frei, informativ und kommunikativ. Gelb bringt Bewegung in eine Sache, schafft Ideen und Geistesblitze.

Blau: tief, weit, tatsachenorientiert, rational, logisch, vergeistigt, beständig, ruhig, besonnen.

Rot: zielgerichtet, aktiv, handlungsbereit, tatkräftig, bewusst gestaltend, dynamisch.

Grün: natürlich, gesund, wohltuend, zulassend, im Hintergrund wirkend, eher passiv, ruhig, im Unbewussten wirkend.

Orange: anregendste Farbe, vermittelt zwischen freiem, kreativem Geist (Gelb) und zielgerichteter, realer Umsetzung (Rot). Kann aber auch laut, schreiend und unruhig wirken.

Violett: schöpferische Spannung, Vereinigung der Gegensätze, mystisch.

Braun: widerstandsfähig, passiv, aufnehmend, irdisch-vital, behaglich, dämpfend.

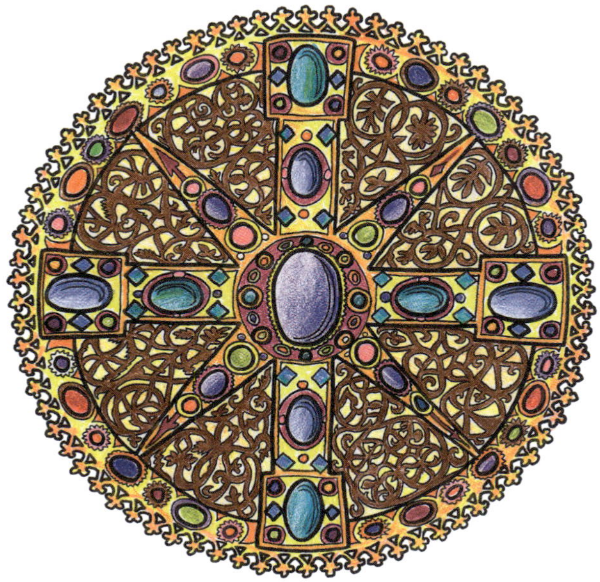

Romanisches Scheibenkreuz (Flabellum), Dom Museum Hildesheim, Deutschland, 2. Drittel 12. Jahrhundert

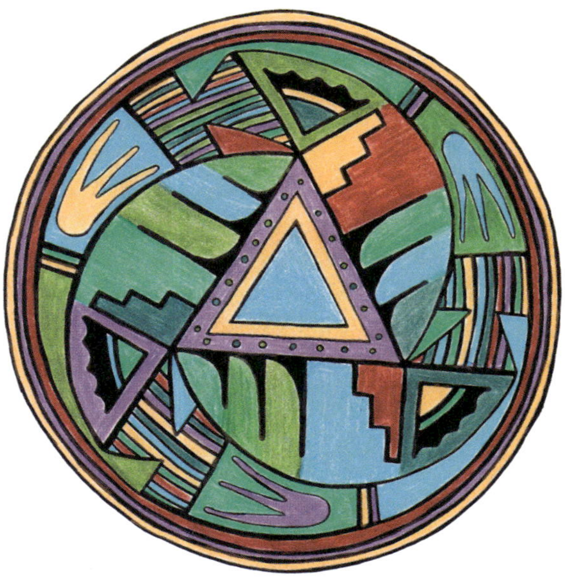

Bemalte Tonschale der Pueblo, New Mexico, USA, 20. Jh.

Insgesamt ergibt sich in der Wahrnehmung von Farben eine deutliche Beziehung zu älteren Farbsymboliken der verschiedensten Epochen und Kulturen. Als Europäer dürfen Sie darum davon ausgehen, dass Ihre emotionale Farbwahrnehmung mitgeprägt ist von der abendländisch-christlichen Deutung der Farben, wie sie über Jahrhunderte in der bildenden Kunst und im kirchlichen Kultus Europas ihren Niederschlag fand. Das gilt selbst dann, wenn Sie sich als eher kirchenfern oder kunsthistorisch uninformiert bezeichnen würden. Sie können selbst ohne farbpsychologisches Vorwissen die Probe aufs Exempel machen und anhand eines Kunstwerks Ihre persönlichen Assoziationen über die Wirkung einer Farbe auf Ihr Gemüt aufschreiben. Ihre Seele wird sich intuitiv die symbolische Wirkung dieser Farbe erschließen und sie nachvollziehen können.

Christliche Farbensprache

Eine herausragende heilige Farbe gibt es im Christentum nicht. Allerdings bildete sich ein gewisser Farbkanon heraus, der seitdem die jahreszeitliche Kirchenraumgestaltung, die Gewänder und die christliche Ikonographie prägt. Diese sogenannten liturgischen Farben wurden um 1200 herum festgelegt bzw. seit der Reformationszeit auf protestantischer Seite verifiziert. Die vier liturgischen Hauptfarben im Gottesdienst sind Weiß, Violett, Grün und Rot.

Im Einzelnen werden die Farben so gedeutet:

Purpur – Farbe Gottes, als Kardinalsrot bis heute Würdenfarbe.

Rot – Blut, Feuer, Heiliger Geist. Pfingsten (beide Kirchen). Karfreitag, Märtyrertage, Firmung (Katholiken), Gedenktage für vorbildliche Christen und Reformationstag (Protestanten).

Violett – Übergang und Verwandlung, Buße. Fastenzeiten wie Passionszeit und Advent. Zusätzlich Buß- und Bettag (Protestanten).

Grün – Wachstum und Hoffnung. In beiden christlichen Kirchen die Farbe für festfreie Sonntage.

Weiß – Licht, Unschuld, Freude, Reinheit, Glanz. An allen hohen Christusfesten, besonders Weihnachten und Ostern bis Pfingsten (Protestanten). Festtage zur Ehre Gottes und Mariens, Fronleichnam, Christkönig (Katholiken).

Gold und Silber – besonders festliche Form von Weiß (Katholiken).

Schwarz – Karfreitag (Protestanten), Karsamstag, Trauertage sowie bei Totenmessen. Die Farbe symbolisiert auch Demut und Bescheidenheit.

Grau und Braun – freiwillige Erniedrigung, Weltentsagung, Buße. Gewänder vieler Mönchsorden.

Blau – keine liturgische Farbe, wird aber Maria zugeordnet und teilweise bei Marienfesten verwendet.

Gelb – Keine liturgische Farbe, sondern Farbe der Ausgestoßenen (Dirnen, Verräter, Ketzer).

Rot und Grün – Gott, der Vater und Schöpfer.

Grün und Blau – Christus, der Sohn und Erlöser.

Rot, Grün und Blau – die Dreieinigkeit von Vater, Sohn und Heiligem Geist.

Die Verwendung der Farben in den indianischen Kulturen

Die beliebtesten Farben der Indianer waren Rot und Schwarz, weil sie am einfachsten herzustellen waren: Schwarz aus Kohle oder verkohlten Knochen und Rot aus Eisenoxid. Weitere Farbtöne wurden aus pflanzlichen Rohstoffen gewonnen.
Im Medizinrad der Cherokee-Indianer Nordamerikas gibt es vier heilige Farben, um die vier Himmelsrichtungen zu repräsentieren.

Blau für Norden (kalte Winde), Niederlage und Enttäuschung.

Rot für Osten (Sonnenaufgang), Erfolg, Leben, heiliges Feuer, Sieg und Macht.

Weiß für Süden, Glück und Frieden.

Schwarz für Westen (Sonnenuntergang), Schwierigkeiten, Krieg, Trauer und Tod.

Die Prärie-Indianer Nordamerikas bedienten sich eines ausgefeilten Farbcodes bei ihren Malereien. So wählte ein indianischer Maler der überlieferten Tradition gemäß oft »unrealistische« Farben, um mit Hilfe einer bestimmten Farbe Informationen an Stammesmitglieder weiterzugeben. Beim Stamme der Fox bedeutete das zum Beispiel, dass ein Motiv, das eine Szene im Frühling zeigte, grün gemalt wurde, während dieselbe Szene gelb gestaltet wurde, wenn sie im Sommer spielte. Die Farbe des Herbstes war Rot, die des Winters Schwarz.

Die Farben in der jüdischen Mystik

Eine weitere vorpsychologische Farbsymbolik findet sich im Zusammenhang mit der Kabbala (»Überlieferung«). Diese Lehre basiert auf mittelalterlichen Texten der jüdischen Mystik (vor allem auf dem Sefer Sohar, »Buch des Glanzes«, Anfang des 13. Jahrhunderts). Kabbalistisches Gedankengut ist aber auch in die christliche Mystik und Astrologie eingeflossen.
Die Grafik zeigt das zentrale Symbol der Kabbala, den Sefiroth-Baum des Lebens, hebräisch Ots Chaim. Er umfasst Mikro- und Makrokosmos und stellt das Prinzip des Universums ebenso dar wie das des inneren Menschen. Der Ursprung liegt oben und weckt in immer neuen Emanationen weitere Sphären. Von oben nach unten werden so zehn Sphären erschlossen, die einen pulsierenden Gesamtorganismus bilden. Zusammen mit einer elften Nicht-Sphäre (dem »bloßen Wissen«) werden sie mit verschiedenen Farben markiert und reichen vom rein Geistigen bis hinab ins konkret Irdische.

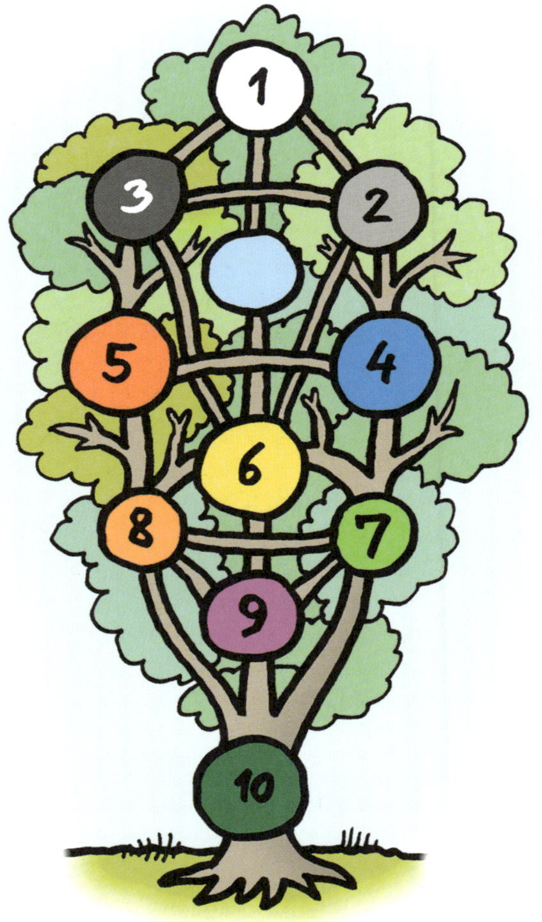

Das zentrale Symbol der Kabbala, der Sefiroth-Baum des Lebens

1. Weiß: Kether, die Krone, der Ursprung

2. Grau: Chokmah, die Weisheit, der Same aller Dinge

3. Schwarz: Binah, das Verstehen, die Einsicht

Hellblau: Daáth, die Nicht-Sphäre, das bloße Wissen ohne Verstehen und ohne Verantwortung

4. Blau: Chesed, die Barmherzigkeit, Gnade, Güte (transpersonale Liebe)

5. Rot: Geburah, die Stärke, Strenge, Gerechtigkeit

6. Gelb/Gold: Tifereth, die Schönheit, Pracht

7. Grün: Netsach, der Sieg, die Dauerhaftigkeit

8. Orange: Hod, die Herrlichkeit, Majestät

9. Violett: Jessod, das Fundament, der Grund aller zeugenden Kräfte

10. Dunkelgrün: Malkuth, die reale Welt, das Einwohnen Gottes in der Schöpfung

Die Farbsymbolik des alten China

In der chinesischen Farbsymbolik verkörpern fünf Farben das sich ewig wandelnde Wesen der Welt. Sie werden mit den Himmelsrichtungen, Jahreszeiten und Elementen verbunden und oft auf einem Kreis dargestellt: Grün, Rot, Weiß, Schwarz und Gelb. Diese sogenannte Fünf-Elemente-Lehre stammt aus dem Daosimus und findet sich auch im »I Ging« (Buch der Wandlungen), einem Orakelbuch aus dem 7. oder 6. Jahrhundert vor Christus.

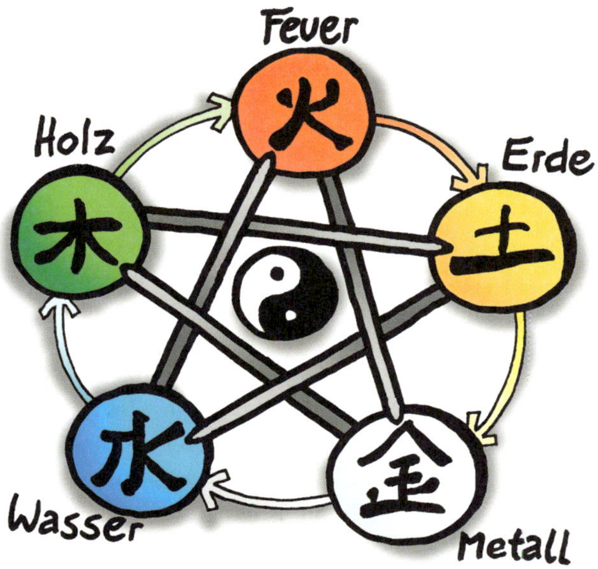

Naturbeobachtungen führten in China zu der Farbenlehre, die auf der Fünf-Elemente-Lehre beruht.

Grün: Element Holz, Tageszeit Vormittag, Jahreszeit Frühling, Himmelsrichtung Osten. Grün steht für Anstoß und Neubeginn, stürmische Energien wie Zorn und Wind, Geburt, Wachstum.

Rot: Element Feuer, Tageszeit Mittag, Jahreszeit Sommer, Himmelsrichtung Süden (der in China oben liegt). Rot bedeutet Energie, Entwicklung, Wärme, Kraft, gutes Gelingen. In China die Glücksfarbe schlechthin.

Gelb: Element Erde, Tageszeit Nachmittag, Jahreszeit Spätsommer, Himmelsrichtung Mitte. Gelb verkörpert Konstanz, gesammelte Kraft, das (Macht-)Zentrum, Zusammenhalt, aber auch die Sorgen, die jeder Prozess des Übergangs mit sich bringt (bei manchen Darstellungen befindet sich Gelb nicht in der Mitte des Kreises, sondern zwischen Rot und Weiß).

Weiß: Element Metall, Tageszeit Abend, Jahreszeit Herbst, Himmelsrichtung Westen. Weiß steht für Trockenheit, Trauer, Reinheit, Struktur, Reife, Ernte.

Schwarz: Element Wasser, Tageszeit Nacht, Jahreszeit Winter, Himmelsrichtung Norden. Schwarz steht für Abbau und Genuss der Ernte, Ruhe, Kälte, Angst, Verschwinden des Lichts.

Wichtig ist dabei: Keines dieser fünf Elemente steht für sich allein, alle sind in einem unendlichen Zusammenspiel miteinander verbunden. Sie bedingen sich gegenseitig und wirken ständig aufeinander ein. Die Farblehre aus dem Reich der Mitte beruht letztlich auf Naturbeobachtungen: Holz nährt das Feuer, dessen Asche düngt die Erde, die in sich das Metall (Erze) in den Bergen anreichert. Aus dem Ort des Metalls im Bergesinneren entspringt Wasser und Wasser lässt wiederum das Holz wachsen. Andererseits dominiert auch jedes Element ein anderes: Wasser kontrolliert das Feuer, kann es sogar löschen. Das Feuer kontrolliert das Metall, indem es dieses formt oder schmilzt. Das Metall schneidet, hobelt, spaltet das Holz. Dieses beherrscht wiederum die Erde, etwa als Pflug. Die Erde schließlich kann das Wasser begrenzen oder in sich aufnehmen.
So kommt es letztlich für einen Chinesen auch bei der Farbwahl darauf an, die Gegensätze auszugleichen und für ein harmonisches Spiel der Kräfte zu sorgen. Im Westen wurde die chinesische Farbsymbolik vor allem als Teil der Feng-Shui-Lehre bekannt. Durch die Kombination der richtigen Farben bzw. Elemente soll in Innenräumen oder auch Gärten der Harmoniefluss positiv unterstützt und das Wohlbefinden gesteigert werden.

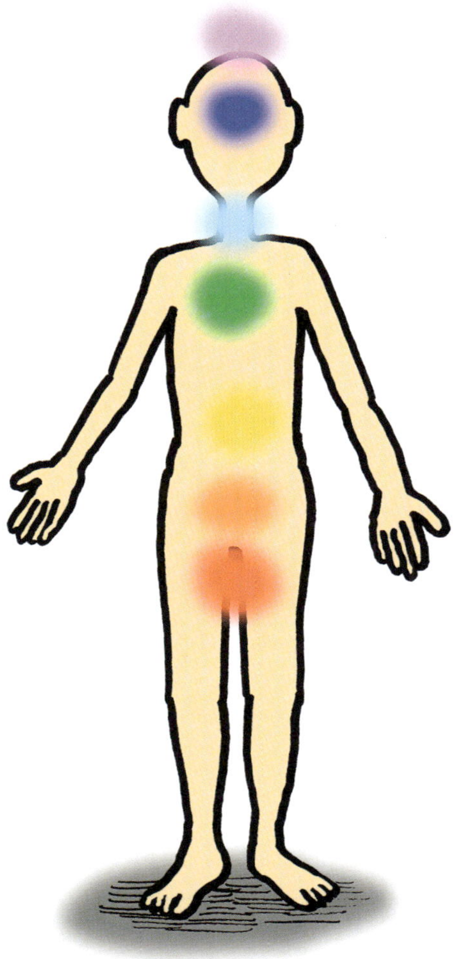

Der Mensch und seine Chakren

Farben und Chakren

Die Chakrenlehre stammt aus Indien. »Chakra« ist ein Wort aus dem Sanskrit und bedeutet »Rad«. Mit Chakren werden sieben kreisförmige Energiezentren im feinstofflichen Ätherkörper des Menschen bezeichnet. Sensitive Menschen oder Personen, die

Meditation praktizieren, können nach einer gewissen Zeit diese Energiekreise als Farbwirbel und Energiefelder wahrnehmen, die mit bestimmten Körperzonen und Organen in Beziehung stehen.
Die drei unteren Chakren entsprechen den Grundbedürfnissen des Menschen und schwingen langsamer. Eine wichtige Reifeleistung des Menschen ist es zunächst, vom Herzchakra der Liebe und des Mitgefühls aus zu leben. Von diesem Wandlungspunkt aus ergibt sich der weitere, immer mehr vergeistigte Weg. Die feineren Energien der oberen Chakren fördern die darauf aufbauenden emotionalen, geistigen und schließlich auch spirituellen Fähigkeiten des Menschen. Es gilt, alle sieben Chakren miteinander in Harmonie zu bringen.

Die Farben der sieben Chakren im Einzelnen

1. Rot: Wurzel-Chakra. Steißbein, Sitz der physischen Lebenskraft

2. Orange: Sakral/Polaritäts-Chakra. Unterhalb des Nabels, Zentrum der sexuellen Energie, ungefilterte Emotionen

3. Gelb: Sonnengeflechts-/Solarplexus-Chakra. Oberhalb des Nabels, natürliche Autorität, Selbstbehauptung

4. Grün: Herz-Chakra. Auf Herzhöhe, Zuneigung, bedingungslose Liebe, Hingabe, Brüderlichkeit. Für jede höhere Entwicklung des Menschen ist entscheidend, dass er dieses Herz-Chakra erreicht.

5. Hellblau: Hals-Chakra. Auf Höhe des Kehlkopfes, Freiheit, Intuition

6. Indigoblau: Stirn-Chakra. Mitte der Stirn, »Drittes Auge«, tiefe Einsichten über sich selbst und das Leben, Stille, Innenschau, Wesentlichkeit

7. Violett, Weiß, Gold: Kronen-/Scheitel-Chakra. Auf der Höhe der Fontanelle, Vollkommenheit und Einheit mit allem Sein, »Ich bin«-Bewusstsein, Erleuchtung, kosmische Schau.

Astrologie, Planeten und Farben

Die Abfolge der Tierkreiszeichen, der sogenannte Zodiakus, wurde um 700 vor Christus eingeführt. Das Tierkreiszeichen einer Person leitet sich von dem Sternbild ab, in dem die Sonne zum Zeitpunkt der Geburt stand.
Auch den zwölf Tierkreiszeichen werden bestimmte Farben zugeordnet, allerdings schwanken die Anga-

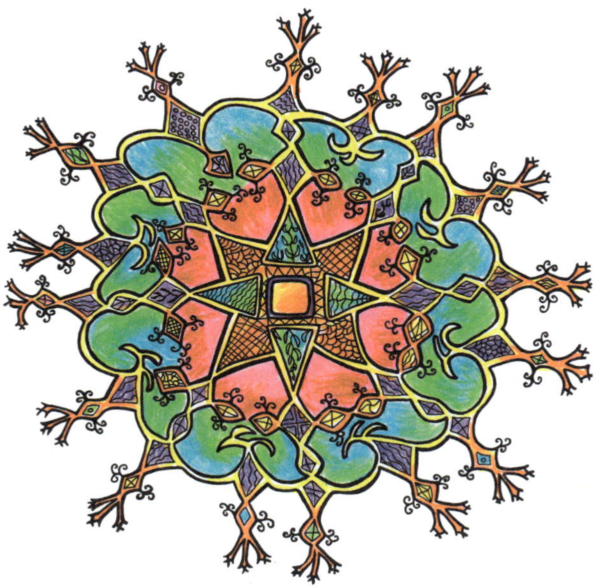

Bemalter Innenhof in Jodhpur, Rajasthan, Indien

ben dazu in der Literatur erheblich. Häufig liegt den genannten Farben ein Edelstein zugrunde, der einem Tierkreiszeichen zugeordnet wird. Neuerdings werden die Tierkreiszeichen gerne mit einem Farbkreisspektrum verknüpft.

Widder: Hochrot
Stier: Grün
Zwilling: Gelb
Krebs: Ultramarinblau
Löwe: Karminrot
Jungfrau: Blaugrün
Waage: Orange
Skorpion: Rotviolett
Schütze: Purpur
Steinbock: Cyanblau
Wassermann: Türkis
Fische: Violett

Da die Sonne und die Stellung der Planeten in der Astrologie eine große Rolle spielen, werden diesen Himmelskörpern ebenfalls Farben zugeordnet:

Sonne: Orange
Mond: Weiß
Merkur: Hellgrau
Venus: Hellblau
Mars und Erde: Rot
Jupiter: Purpurrot
Saturn: Schwarz

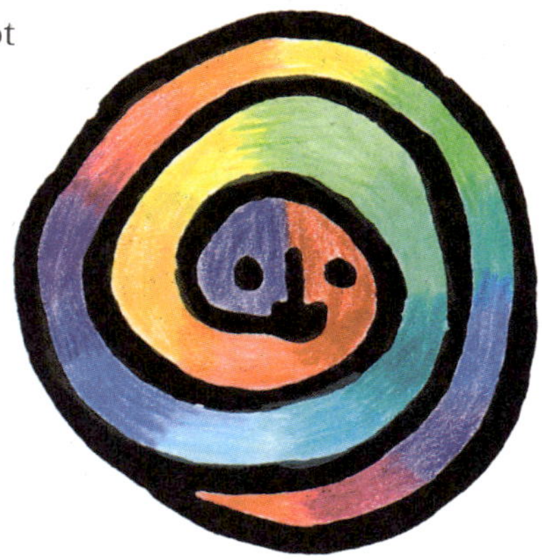

Schlangenkreis aus einer Höhle in Italien, prähistorische Malerei

Farbtherapien

Im medizinischen Bereich werden wärmende Infrarot-Lampen bei Rheuma, Muskelverspannung und Nebenhöhlenentzündungen eingesetzt. Kühles Blaulicht wirkt positiv auf das vegetative Nervensystem, ist antiseptisch, blutdrucksenkend, hilfreich bei Schlafstörungen, Nervosität, Konzentrationsmangel, Herzstörungen und Hautentzündungen. Grünes Licht soll bei Bronchitis und Gelenkrheuma hilfreich sein, beruhigt die Nerven, reguliert den Blutdruck, stärkt Bronchien und Immunsystem und unterstützt die raschere Heilung von verletzten Muskeln und Geweben. Die Farbe Gelb regt die Verdauung durch Magen und Darm an, wirkt stimmungsaufhellend und steigert die Produktion von Sexualhormonen. Wird eingesetzt bei Rheuma, Arthrosen, Steinbildungen, Lebererkrankungen und Hämorrhoiden.
Violett kann positive Wirkung bei Menschen mit angegriffenen Nerven entfalten und die Meditation unterstützen.
Orange unterstützt die Aktivität innerer Organe wie Niere und Blase und erhöht die Drüsentätigkeit. Wie Rot steigert es die Ausschüttung von Adrenalin, verengt die Blutgefäße, beschleunigt den Puls und hebt die Körpertemperatur an.
Im Wellnessbereich gibt es Farblichtsaunen und Farblichtwarmbadebecken. Die Edelsteintherapie setzt auf die Wirkweise der unterschiedlich farbigen Steine. Dabei werden die Steine oder ein Edelsteinpulver direkt auf den Körper gegeben oder man bestrahlt betroffene Partien mit »Edelsteinstrahlern«.
Um 1985 herum entwickelte die Engländerin Vicky Wall die sogenannte Aura-Soma-Farbtherapie. Ihre These: »Wir sind die Farben, die wir wählen.« Wall kreierte Glasflaschen mit intensiv leuchtenden, zweifarbigen Ölen. Die heilenden Schwingungen der Farben und natürlichen Duftessenzen sollen eine ganzheitliche Heilwirkung für Körper und Seele entfalten.

Goethes Farbenlehre

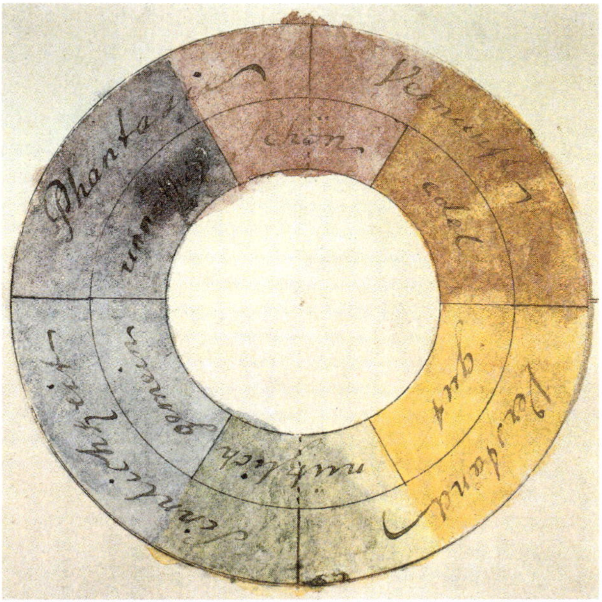

Der Farbenkreis. Aquarellierte Federzeichnung von Goethe, 1809

Die umlaufende eigenhändige Beschriftung Goethes ordnet den Farben vier Wahrnehmungsmöglichkeiten des Menschen zu:
Rot-Orange: Vernunft – schön und edel
Gelb-Grün: Verstand – gut und nützlich
Grün-Blau: Sinnlichkeit – nützlich und (all)gemein
Blau-Violett-Rot: Phantasie – unnöthig und schön

Goethes Farbenlehre basiert auf seiner ganzheitlichen Weltanschauung, in der Natur und Geist zusammengehören. Dabei folgte er dem Prinzip der sinnlichen Wahrnehmung von Harmonien in der Natur und arbeitete phänomenologisch. Newtons Farbenlehre lehnte er ab. Der Dichter selbst schätzte seine Farbenlehre als noch bedeutsamer ein als sein literarisches Schaffen.

Seiner Forschung zu Licht und Farbe lagen zahlreiche Experimente zugrunde, u. a. mit Prismen. Goethe benannte als Grundfarben Gelb, Blau und Rot und als Mischfarben Grün, Orange und Violett. Zentrale These seiner Farbtheorie ist der polare Gegensatz zwischen Hell und Dunkel, Licht und Finsternis, ausgedrückt im Gegensatz von Gelb und Blau. Alle anderen Farben können als Mischung oder Steigerung dieser Gelb-Blau-Polarität definiert werden. Grün bildet den unteren Kreisabschluss, eine wachsende Rotbeimischung führt bis zum reinen Rot am Scheitelpunkt des Farbkreises. Typisch für Goethe ist, dass er über die »sinnliche und sittliche Wirkung« der Farben nachdachte und sie psychologisch deutete: Die aktiven Farben der Plusseite (rechte Kreishälfte) sind Gelb, Rotgelb (Orange), Gelbrot (Zinnoberrot). Sie stehen für Licht, Wärme und Nähe und stimmen regsam, lebhaft, strebend. Die linke Minusseite der blauen Töne ist mit Schatten, Dunkel und Ferne verbunden. Sie führt zu eher unruhigen, weichen und sehnenden Stimmungen.

Gelb: Heiterkeit, Munterkeit, Wärme, Behaglichkeit

Blau: kombiniert Reiz und Ruhe, Weite, Leere, Tiefe bis Traurigkeit

Rot: Würde, Ernst, Huld, Anmut, Pracht, Balance

Grün: Entspannung, Einfachheit, Ruhe

Orange (Rot-Gelb): Wärme, Energie, Kraft, Aktivität, Intensität

Violett: (Rot-Blau): Unruhe, Lebhaftigkeit, Streben ins Geistige

Aus Goethes Sicht verlangen die Farben gegenseitig nach Ergänzung: Gelb fordert Rotblau, Blau fordert

Rotgelb und Purpurrot fordert Grün. So wird ein Ausgleich und eine Harmonisierung der Gegensatzspannung erzielt. Goethes Farbenlehre wird heute noch von den Anthroposophen geschätzt und ihren kunstpädagogischen Bemühungen zugrunde gelegt.

Die Farbenkugel von Philipp Otto Runge

Philipp Otto Runge (1777–1810) war ein bedeutender Maler der deutschen Romantik. Inspiriert von Goethes Farbenlehre schuf er das erste dreidimensionale und differenziert abgestufte Farbsystem in Form einer Farbkugel. Er definierte dafür fünf Farben, die er als Grundelemente aller Mischungen ausmachte: Weiß, Schwarz, Blau, Gelb und Rot.
Weiß (am Nordpol) und Schwarz (am Südpol) definieren allerdings nur den Grad der Helligkeit und stehen darum den anderen Farben gegenüber. Den Mittelpunkt des Farbglobus bildet ein neutrales Grau. Blau, Gelb und Rot treten am intensivsten auf der Äquatorlinie auf. Sie werden nach oben hin heller, nach unten hin dunkler. Zur Kugelmitte hin verlieren sie ihre Farbe und werden immer grauer. Runge gelang damit ein auch unter heutigen Gesichtspunkten stimmiges und korrektes Farbenmischsystem. Mit seinem Farbglobus konnte er sowohl verschiedene Helligkeitsabstufungen als auch verschiedene Sättigungsgrade einer Farbe präzise lokalisieren.

So weit die Theorie

Nun kommen Sie. Auf allen folgenden Seiten sind Sie eingeladen, die Mandalamotive auf sich wirken zu lassen und diejenigen farbig auszumalen, von denen Sie sich besonders angesprochen fühlen.

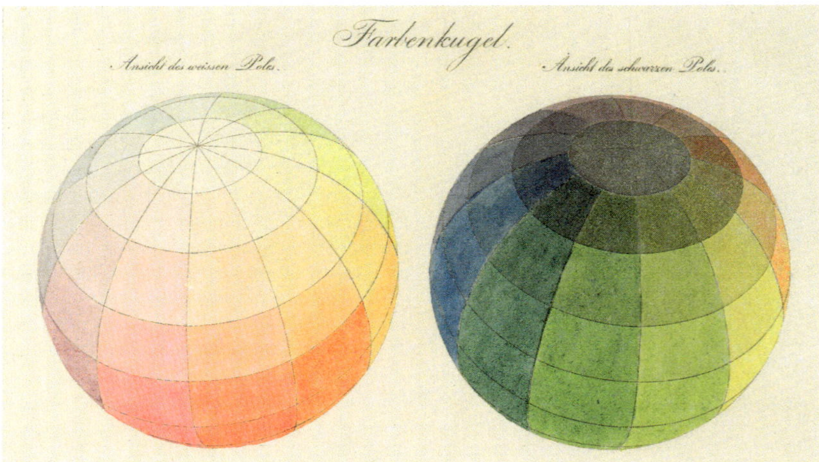

Mandalas zum Selbstausmalen

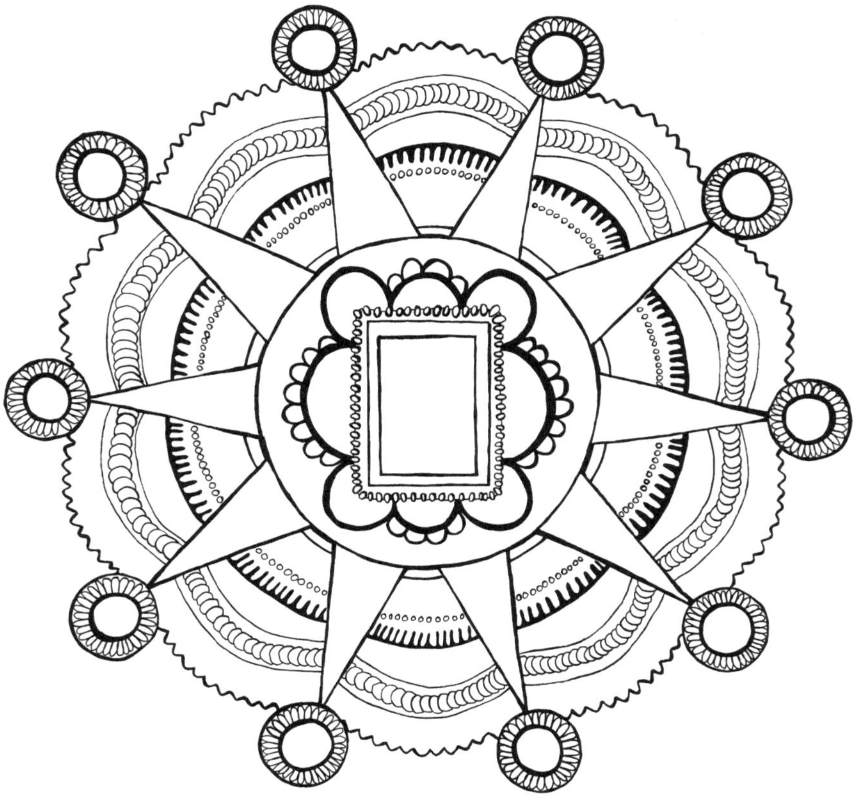

Die schönsten Malergebnisse erhalten Sie, wenn Sie einen dünnen Karton unter das auszumalende Mandala legen. Verwenden Sie weiche und qualitativ möglichst hochwertige Buntstifte.

Anfang und Ende

Ich finde dich, wo ich, o Höchster, hin mich wende,
am Anfang find' ich dich und finde dich am Ende.
Dem Anfang geh ich nach, in dir verliert er sich;
Dem Abschluss späh' ich nach, aus dir gebiert er sich.
Du bist der Anfang, der sich aus sich selbst vollendet,
das Ende, das zurück sich in den Anfang wendet.
Und in der Mitte bist du selber das, was ist;
Und ich bin ich, weil du in mir die Mitte bist.

Friedrich Rückert

Charakteristisch für die farbige Ausgestaltung eines Mandalakreises ist immer auch seine innere Zeitlosigkeit. Es gibt für den Malprozess keinen festgelegten Anfangspunkt und ebenso kein definiertes Ziel. Sie können an irgendeiner Stelle beginnen und sich selbst überraschen lassen, wohin Sie wohl zum Schluss kommen. Es gibt auch kein Richtig und kein Falsch bei diesem Prozess. Sie können ein und dasselbe Mandala von innen nach außen oder umgekehrt kolorieren. Sie können den Kreis in farblich korrespondierende Sektoren aufteilen, diagonale Farbdialoge führen oder in einem Prozess konzentrischen Umkreisens Ihre Farben aufeinander abstimmen.
Je mehr Sie sich von Ihrer Intuition leiten lassen, desto eher werden Sie ahnen: Der Punkt, um den herum all diese Bewegungen stattfinden, bleibt immer derselbe – der unbewusste Geist, der uns in die eigene Mitte führt, damit wir dort ihm und uns selbst begegnen. Zu seiner und unserer Freude.

Detail am Schaft des steinernen Canna-Kreuzes, Hebriden, Schottland, spätes 8. Jahrhundert ▶

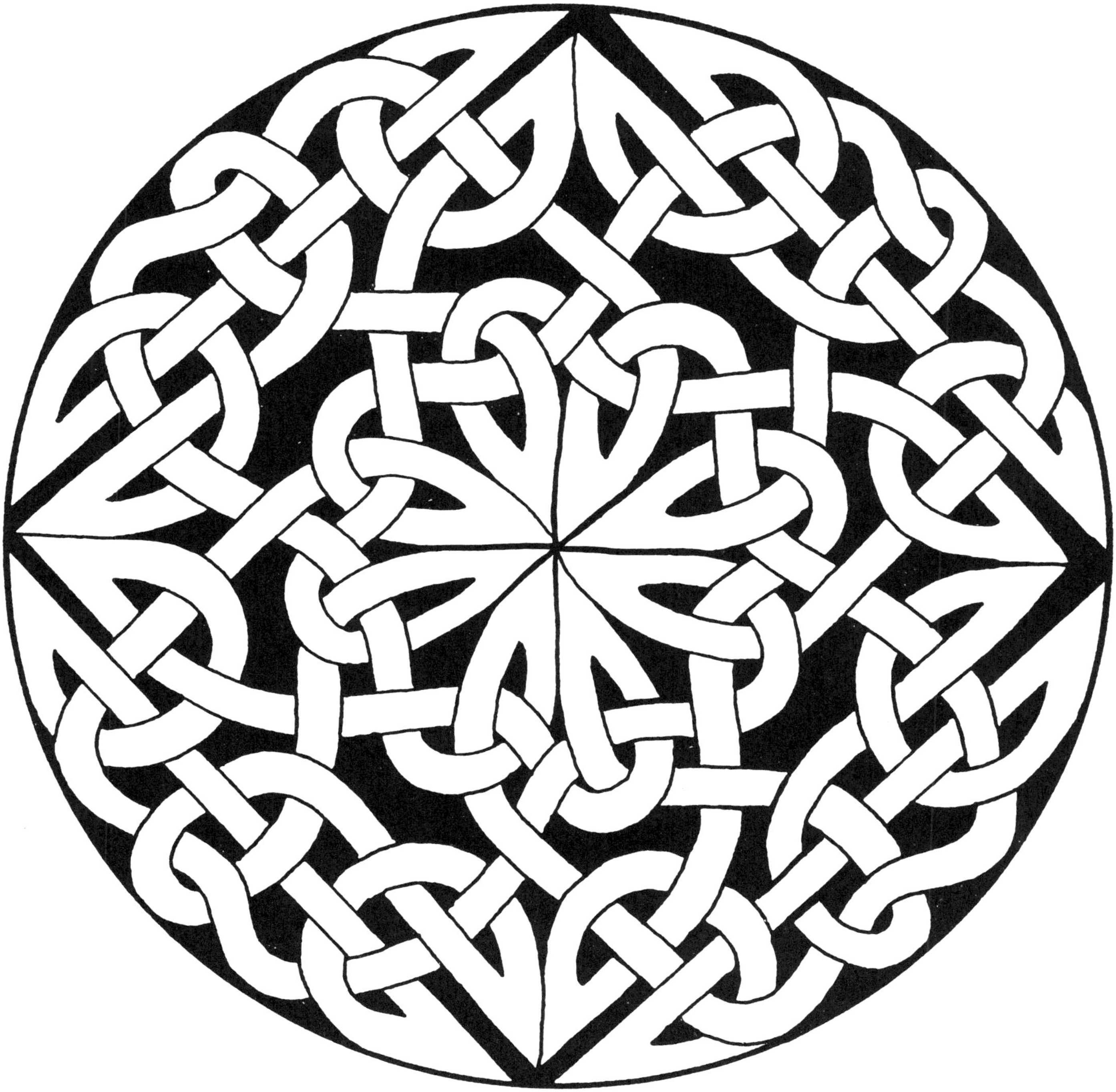

Das Leuchten am schneidenden Wasser

Du kannst keinen Regenbogen haben,
wenn es nicht irgendwo regnet.

Sprichwort der Pueblo

Das ausdrucksstarke Design dieses indianischen Mandalas findet sich auf einer glatt polierten Tonschale aus San Ildefonso. Der indianische Eigenname der Pueblo-Siedlung am Rio Grande lautet Pokwoge und bedeutet »Wo das Wasser durchschneidet«. Um 1920 hatte man bemalte Bruchstücke indianischer Töpferkunst in den Ruinen einer Indianersiedlung auf dem Pajarito Plateau gefunden. Auf der Grundlage der alten Muster gelang es seitdem den Pueblofrauen, ihre alte Töpfertradition mit großem Erfolg zu neuem Leben zu erwecken.
Ungewöhnlich an diesem stark geometrischen Motiv ist das zentrale Dreieck, um das sich drei flügelartige Halbkreissegmente, drei »Blüten«-Felder und drei schraffierte Flächen gruppieren. Symbolisch ergibt sich durch die Potenzierung der Drei die Neun als Zahl der Vollendung und des gleichzeitigen Neubeginns. Immer wenn die Neun auftaucht, kann sich ein neuer Bereich öffnen, ähnlich wie nach neun Schwangerschaftsmonaten mit der Geburt des Kindes etwas ganz Neues beginnt.
Ein ideales Mandala also, um Abschluss, Übergang und Neubeginn zu meditieren.
Bei der Farbwahl stehen Sie »am schneidenden Wasser«: Sie können sich der Tradition der Pueblotöpferinnen anschließen und Ihr Mandala in Schwarz, Rot und Weiß gestalten. Oder Sie wählen den ganzen Farbreichtum des Regenbogenspektrums und lassen dabei Ihre Lieblingsfarben besonders freundlich aufleuchten.

Bemalte Tonschale der Pueblo, San Ildefonso/Pokwoge am Rio Grande, New Mexico, USA, 20. Jahrhundert ▶

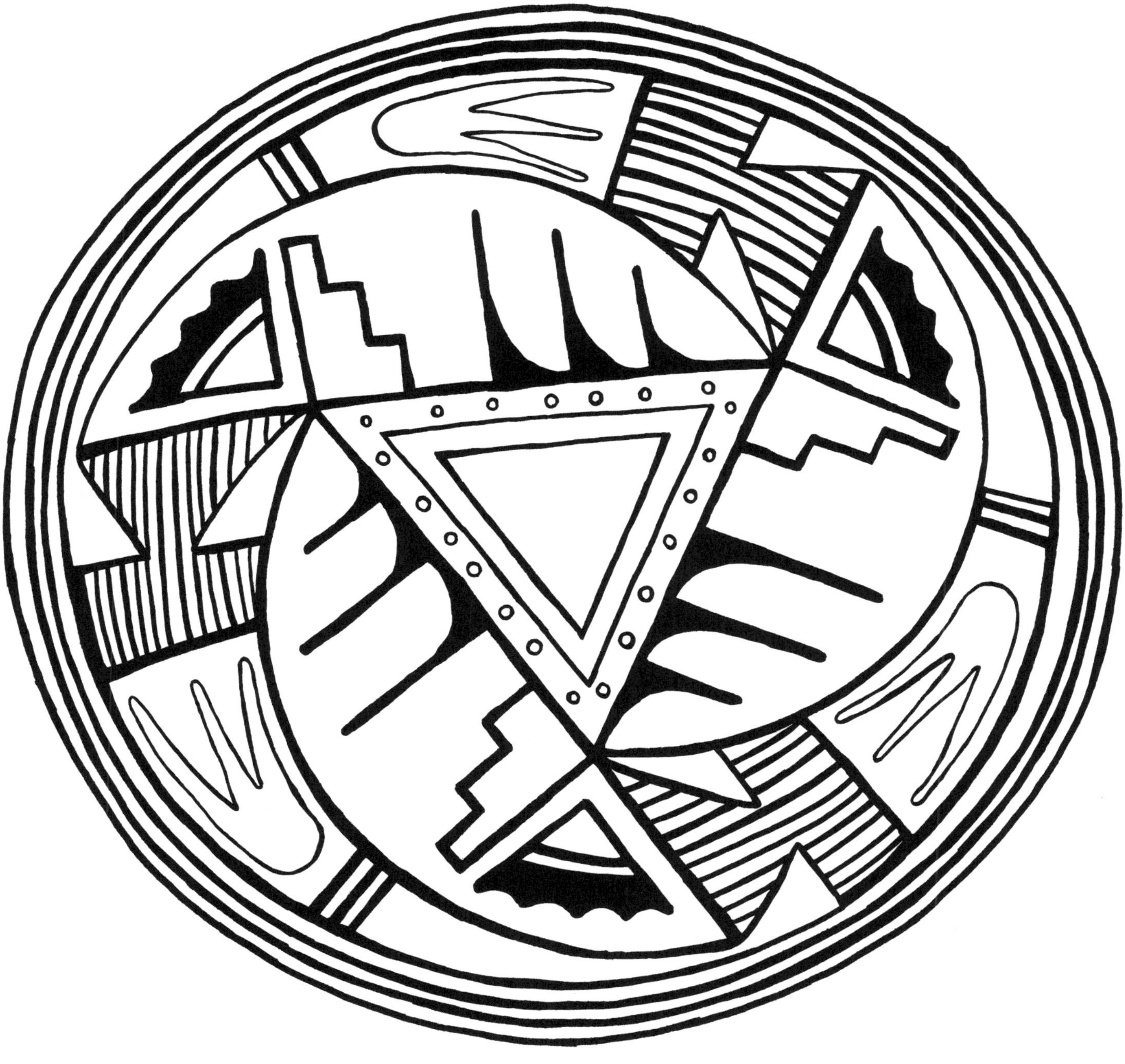

Die Farben der Weisheit

Gottes Weisheit gibt alle Farben.
Aus ihrer Gestalt geht die göttliche Kraft aus,
die dem sanften Wesen des Lichts gleicht
und zugleich wie das hochgradige Feuer
die Schärfe der Verwandlung enthält.

Jakob Böhme

Das historische Vorbild für das nebenstehende Mandala ist ein alter Wandleuchter aus New Mexico. Er wurde aus dem leicht formbaren Zinn gestaltet, einem Metall, das man schon mit dem Fingernagel einritzen kann. Einfache, aber wirkungsvolle Loch- und Stanzmuster gaben dem Leuchter seine volkstümliche Note. Eine rechteckige Spiegeleinlage im Zentrum warf den Lichtschein der davor befestigten Kerze auf das Metall und brachte es zusätzlich zum Glänzen. Erst recht sorgt die silberweiße warme Oberfläche des Zinns bei Tageslicht für intensive Lichtreflexionen.
So ist es eigentlich kein Wunder, dass der deutsche Schuhmacher Jakob Böhme beim Anblick eines blank polierten und im Sonnenschein schimmernden Zinngefäßes seinen mystischen Durchbruch erlebte. Von diesem Augenblick an nannte Böhme Gott seinen »Erleuchter und Anzünder«. Es war ihm, als sei nach langen Zeiten innerer Unruhe und Finsternis ein unauslöschliches Licht in seinem Inneren angezündet worden.
Diesem Mandala können Sie sich in Zeiten zuwenden, in denen Sie sich nach Licht, Wärme und innerem Beistand sehnen. Dabei können Sie die Strahlkraft der Farben intuitiv wählen, je nachdem, ob Sie sich mehr von dem sanften Wesen des Lichts oder dem heißen Feuer der Verwandlung angezogen fühlen.

Zinnleuchter mit integriertem Spiegel, Volkskunst, New Mexico, USA, Mitte 19. Jahrhundert ▶

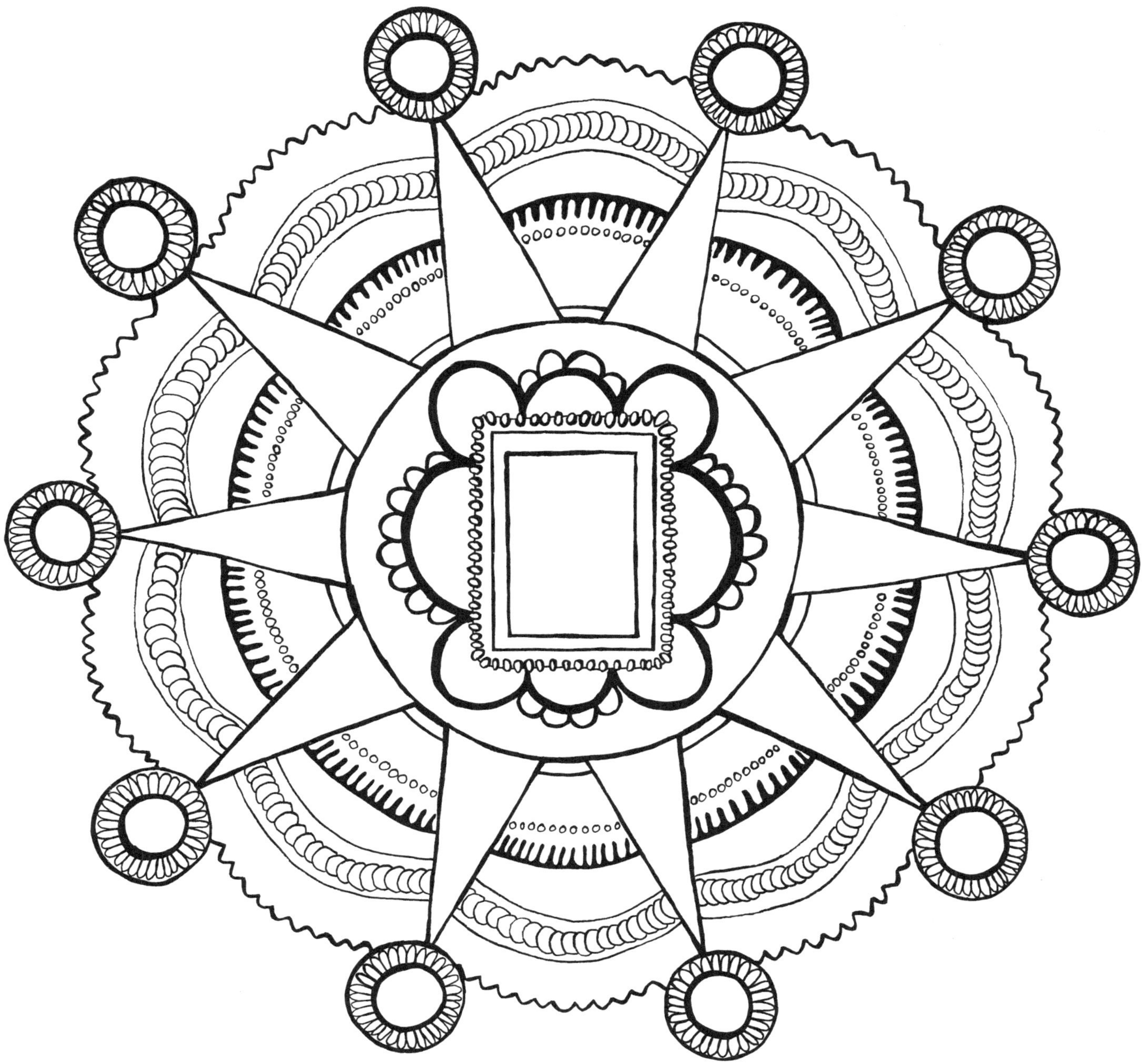

Der Mantel aus Buchara

Ein Mensch in Gott
ist König unter einem Derwischmantel,
ein verborgener Schatz
in einer alten Burg.
Dschelaleddin Rumi

Dieses zentralasiatische Mandala schmückte ursprünglich einen vornehmen seidenen Damenmantel aus Usbekistan. Seine Farben sind Ziegelrot und Goldgelb bei den großen Flächen, Moosgrün, Eisblau und Schneeweiß in den kleineren. Das Mantelfutter besteht aus einem ebenfalls farbintensiven Seidenstoff. Nur Reiche konnten sich früher einen solchen Mantel leisten, weil seine leuchtenden Farbmuster sehr aufwendig in einer »Bakhmal« genannten Web- und Färbetechnik angefertigt wurden. Das Wissen um die komplizierte Gestaltung der Muster wurde von Generation zu Generation weitergegeben, drohte aber in Vergessenheit zu geraten. Seit 1997 bemüht man sich in Usbekistan darum, Bakhmalstoffe wieder herzustellen.
Bei der Bakhmalweberei werden die Fäden vor dem Weben abgebunden und abschnittsweise in Farben auf pflanzlicher Basis gefärbt. Je mehr Farben der Stoff bekommen soll, desto häufiger muss der Prozess des Abbindens und Färbens wiederholt werden. Dabei muss der Weber die Komposition der Ornamente genau planen, damit Muster und Motive später stimmen.
Ein gutes Mandala also, um sich in Geduld und Weitsicht zu üben. Wer sich in diese Tugenden hüllen kann, ist wahrlich ein König, ganz gleich, ob er nun in den Mantel eines bettelnden Derwischs oder in einen aus Samt und Seide schlüpft.

Detail eines Bakhmal-Frauenmantels aus Seidensamt, Buchara, Usbekistan, 20. Jahrhundert auf der Basis historischer Webmuster aus dem 19. Jahrhundert ▶

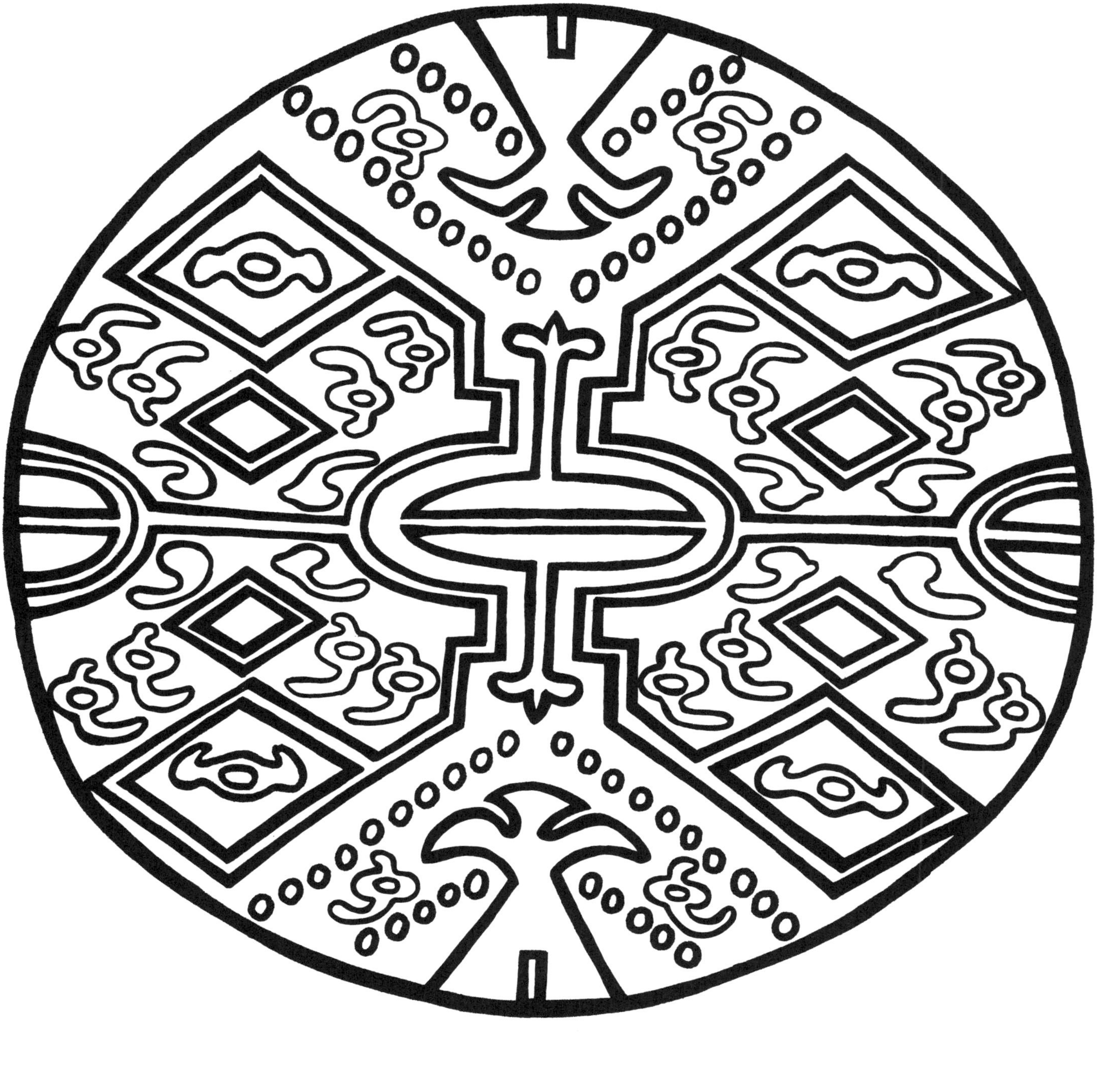

Am Musenhof

Hörst du die Gründe rufen
In Träumen halb verwacht?
Oh, von des Schlosses Stufen
Steig nieder in die Nacht! –
Die Nachtigallen schlagen,
Der Garten rauschet sacht
Es will dir Wunder sagen
Die wunderbare Nacht.

Joseph von Eichendorff

Die pfälzische Sommerresidenz Schwetzingen war zur Zeit des kunstbegeisterten Kurfürsten Carl Theodor neben seiner Residenzstadt Mannheim ein Musenhof ersten Ranges. Der Regent ließ ein prachtvolles Rokokotheater bauen und engagierte Künstler wie Wolfgang Amadeus Mozart für seine Opern und Konzertaufführungen. In Schwetzingen konnte der Kurfürst zudem seiner Liebe zur Gartenbaukunst frönen. Nachdem er den Schlossgarten im französischen Stil fertig stellen ließ, ergänzte er die Gartenanlagen noch um einen »natürlich« gehaltenen Garten im englischen Stil, der später romantische Dichter wie Friedrich Hölderlin und Joseph Freiherr von Eichendorff unwiderstehlich anzog. Als Carl Theodor in die Erbfolge der Wittelsbacher eintrat und seine Residenz nach München verlegen musste, regte er dort noch einmal den Bau einer Grünanlage an, den berühmten »Englischen Garten«.
Spazieren Sie doch einfach durch dieses Mandala wie durch einen Garten, der allein zu Ihrer Freude angelegt wurde.

Detail aus einem (nicht realisierten) Entwurf für die Gartenanlagen von Schloss Schwetzingen unter Kurfürst Carl Theodor (1724–1799), nach einem Stich aus dem französischen Lehrbuch über Gartenbaukunst »Le Jardin Anglo-Chinois«, um 1770 ▶

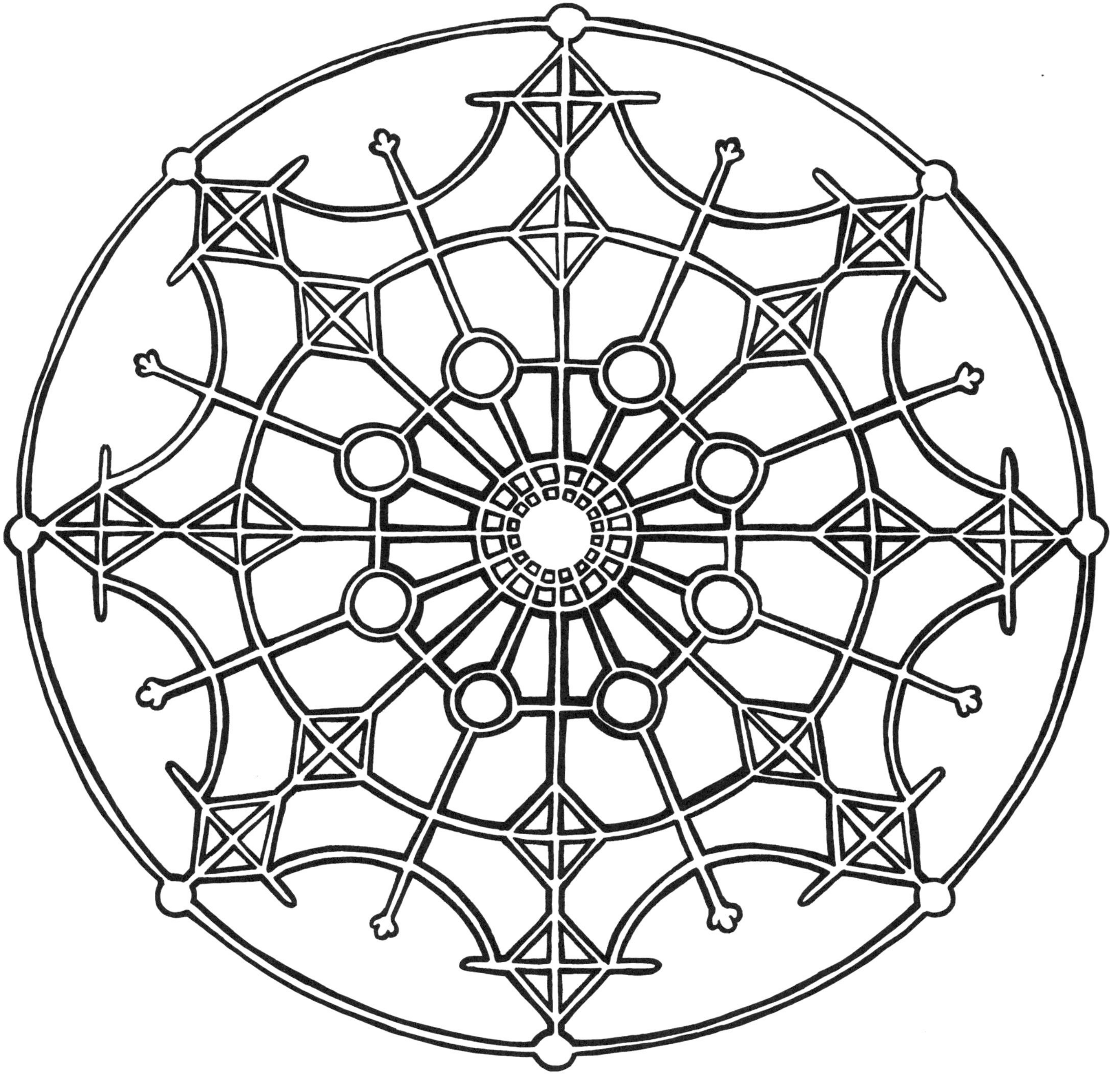

Der Brunnen von Pera

Du – das weiß ich – bist die Stille hier,
Du tratst ein, und nun, ich lausche dir.
Niemand ist im Haus; alleine du …
Selbst dein Atem ist mein Atem nur,
Oh Verströmen, Warten, Sehnsuchtspein:
Du, wie ich, so unsagbar allein,
In der Flöte deiner Stimme Spur;
Blick mit meinem Aug, mir zugewandt,
Weich liegt meine Hand in deiner Hand,
Deine Stimme meines Rausches schwer.
Nur noch du bestehst. Ich bin nicht mehr.

Salahattin Batu

Unter den osmanischen Herrschern entwickelte sich am Bosporus gegenüber dem Goldenen Horn ein westlich geprägter Stadtteil gegenüber der Altstadt von Konstantinopel: Pera, wörtlich die »gegenüberliegende Seite«. Unter Sultan Selim III. wurden im 15. Jahrhundert vornehme Stadtresidenzen, Regierungsgebäude, Schulen und Krankenhäuser gebaut.
Pera besaß eine außergewöhnlich gute Wasserversorgung. Von einem seiner zahlreichen Brunnen stammt dieses ebenso schlichte wie konzentrierte Mandala. Brunnen symbolisieren in Träumen, in Kunst und Religion den Zugang zu den verborgenen Gefühlen und Empfindungen, die vom Grund der Seele geschöpft werden wollen. Sie sind das »Tor« zu den Tiefen des Unbewussten, das als Intuition und Weisheit in unser Bewusstsein einströmen möchte.

Osmanisches Schmuckornament an einem Brunnen im Stadtteil Pera von Konstantinopel, heute Beyoğlu, Istanbul, Türkei, Osmanisch ▶

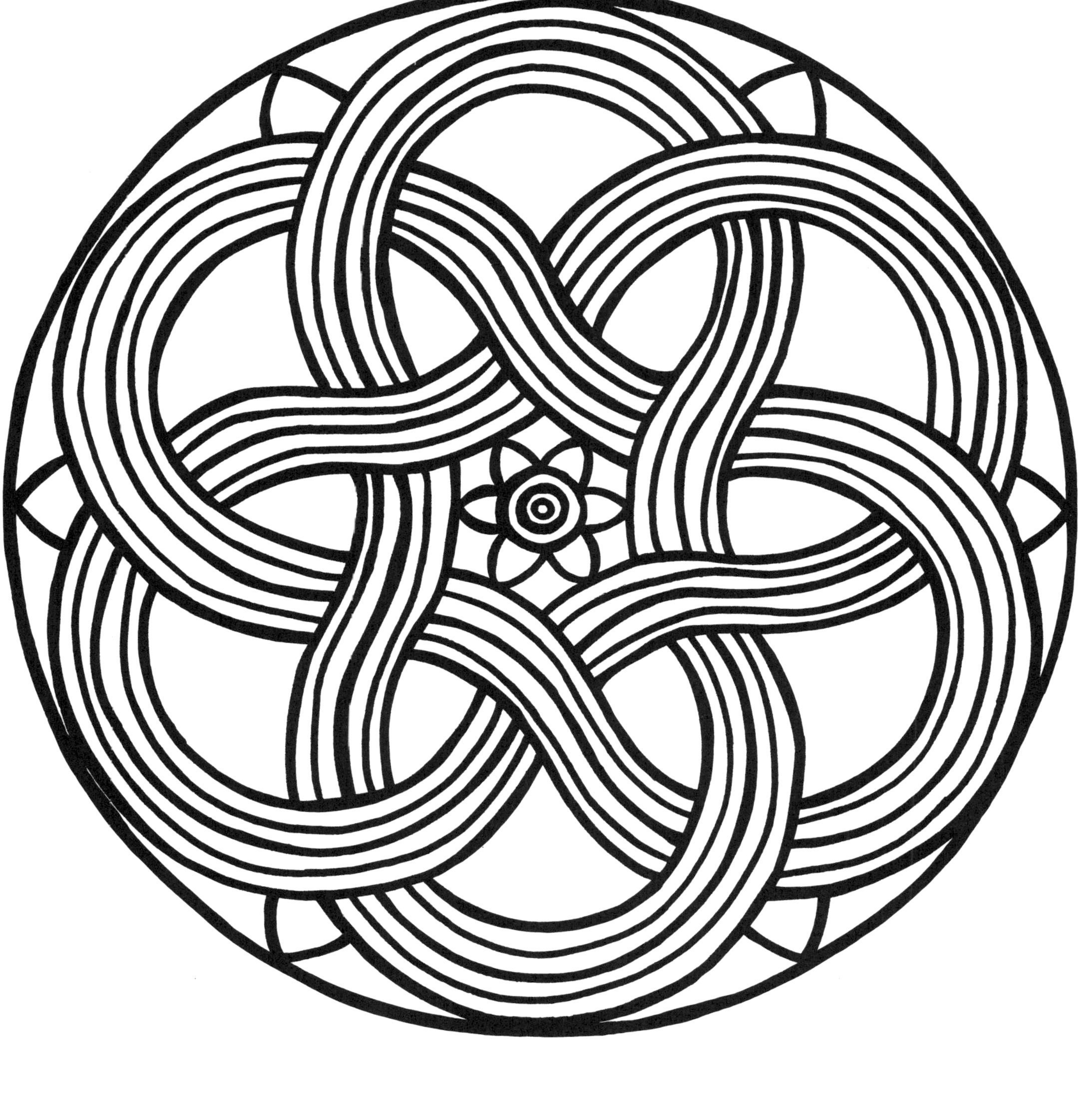

Die Wappen von Canterbury

Bleibt mir in herzlicher Liebe zugetan!
Körperlich kann ich nicht unter euch anwesend sein,
aber mein Herz ist immer bei euch.
Bemüht euch wie ich, überall Freunde zu gewinnen.
Denkt nicht, ihr könntet davon je genug haben.
Seid allen, den Armen wie den Reichen,
in brüderlicher Zuneigung verbunden.
Dieser Brief ist ein Dokument des Herzens.

Anselm von Canterbury an die Mönche von Bec

Dieses ungewöhnliche Mandala stammt aus der prächtigen gotischen Kathedrale von Canterbury. Das Rippengewölbe im Kreuzgang der Kathedrale ist mit 825 bunt bemalten Schlusssteinen geschmückt. Sie zeigen die Wappen all der Familien, die den Umbau der Kathedrale mitfinanzierten.
Als »heraldische Tinkturen« waren im Mittelalter nur wenige Farben zugelassen: Rot (gewonnen aus Zinnober), Blau (Färberwaid), Grün (Grünspan), Schwarz (Ruß) und die beiden Metalle Silber (Bleiweiß) und Gold (Schwefelgelb). Zudem galt die strenge Regel: Auf eine Farbe muss immer ein Metall treffen. Wer dagegen verstieß, verriet sich durch ein solches »Rätselwappen« als ungebildet.
Die Geschichte der eigenen Familie oder das Beziehungsfeld all der Menschen, die einem etwas bedeuten – mit diesem Mandala kann man sie meditieren. Schreiben Sie den Namen eines Ihnen lieben Menschen hinein oder wählen Sie ein Wort, das eine seiner Qualitäten verkörpert. Sie alle bringen »menschliche Farbe« in Ihr Leben und können als »Dokument des Herzens« bewusst gemacht werden.

Gewölbeverzierung mit farbigen Geschlechterwappen im Kreuzgang der Kathedrale von Canterbury (erbaut zwischen 1174 und 1497), Kent, Großbritannien ▶

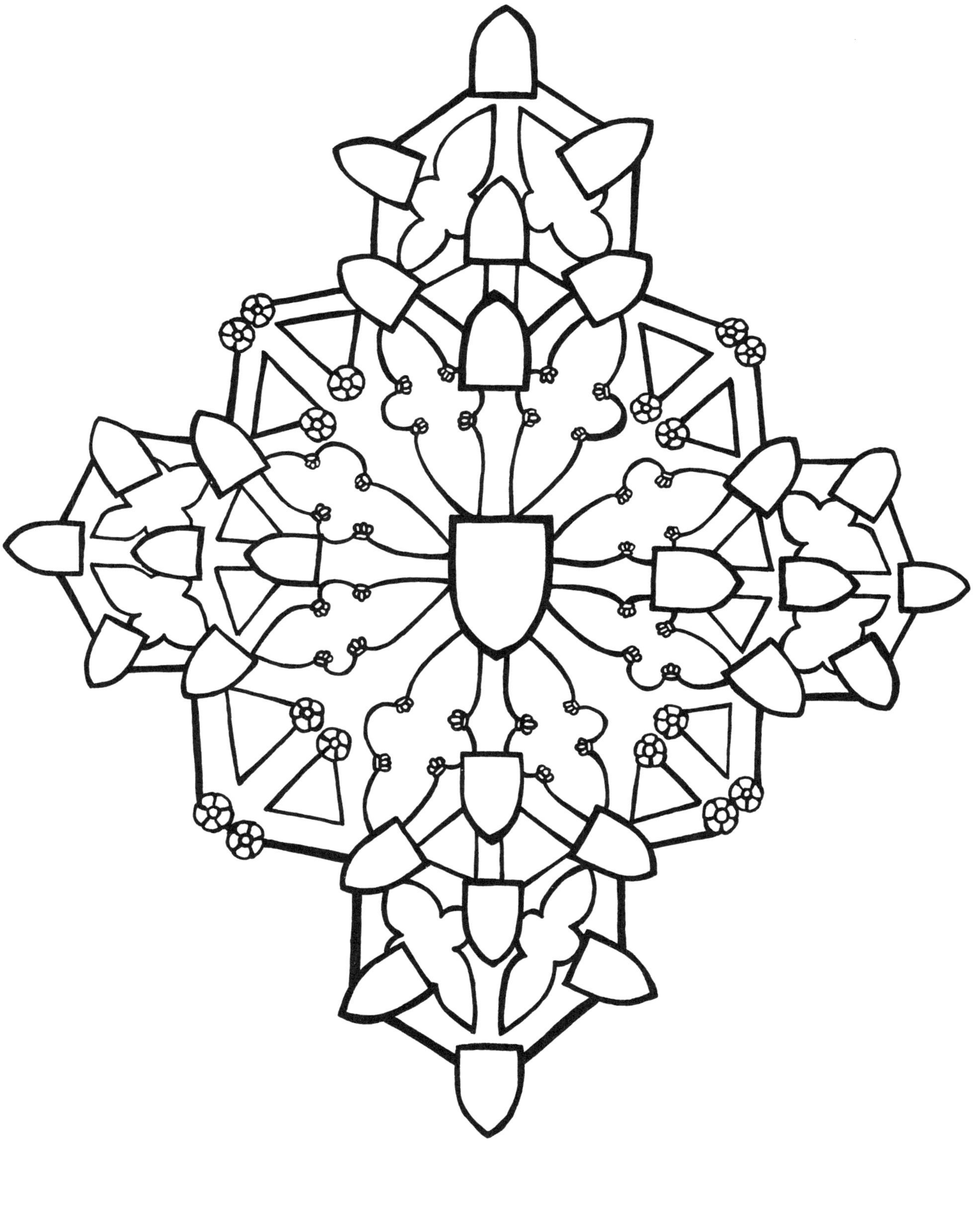

Das Himmelstor

Jetzt will ich versuchen,
das, was göttlich in mir ist,
eingehen zu lassen
in das Göttliche im All.
Plotin

An vielen spätantiken Tempeln waren im Giebel echte oder nur dargestellte Türen zu sehen. Sie wurden als »Himmelstore« und Orte göttlicher Epiphanie verstanden. Nach archaischer Vorstellung konnten sie sich öffnen und die Götter heraustreten lassen, was manchmal durch verkleidete Priester dargestellt wurde.
Die Symbolik des geöffneten oder geschlossenen Himmelstores enthält eine tiefe seelische Wahrheit. Die Himmelspforten schützen einen ganz besonders geheimnisvollen Ort: das Heiligtum der Seele. Es ist gut verborgen, weil die Seele nicht nur unendlich empfänglich, sondern auch außerordentlich verletzlich ist. Zugleich ist sie aber auch der Punkt unserer größten Hingabefähigkeit.
Wer darum die Pforte zu seiner Seele öffnet, findet ein heiliges Gemach, in dem die Seele in den göttlichen Urgrund eingehen kann. Die Seele erlebt sich bei diesem allerinnerlichsten Erlebnis als endlich ganz und eins. Eine Erfahrung des »Heraustretens« aus allen gewohnten Erfahrungen, die von den alten Griechen als »ekstasis«, Verzückung, bezeichnet wurde.

»Himmelskreis«-Tonscheibendekor (Durchmesser fast 2,50 Meter) an der Giebelspitze des Tempels von Heraion, Olympia, um 600 vor Christus. Die Scheibe wurde aus Fragmenten rekonstruiert, die sich im Museum von Olympia befinden, und von uns zum Kreis ergänzt. ▶

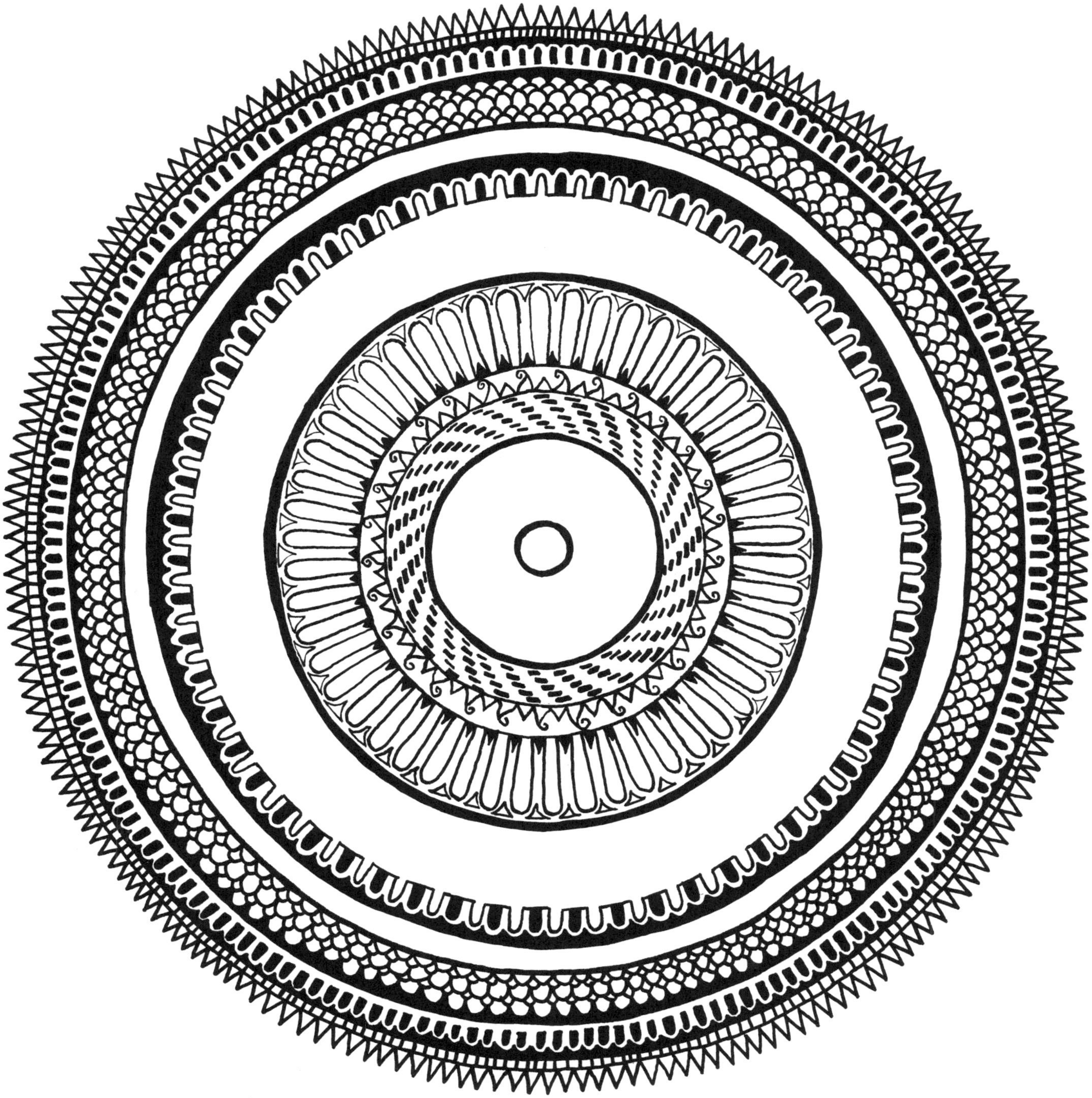

Blüte und Frucht

Es gehört im eigentlichen Sinne zum Göttlichen,
dass in ihm Blüte und Frucht ein und dasselbe sind.

Meister Eckhart

Für dieses anmutig schwingende Mandala stand eine Jugendstilschale des amerikanischen Glaskünstlers Louis Comfort Tiffany Pate. Tiffany hatte als Keramiker begonnen, wurde aber als innovativer Glaskünstler in der alten und neuen Welt berühmt. Ihm war 1892 die Erfindung eines neuartigen Opalglases gelungen. Es konnte mit Metalleinschlüssen wie Fäden oder Filigrannetzen und zart nuancierten Farbglasbeischmelzungen kombiniert werden und erlaubte der Glaskunst, ganz neue künstlerische Effekte zu erzielen.
Die schwebende Transparenz dieses Tiffany-Objekts erzählt davon, was nur echte Kunst darzustellen vermag: von der Gleichzeitigkeit des Ungleichzeitigen. Als leere Schale zeigt es über sich hinaus auf seine wesentliche Bestimmung, reale Früchte in sich zu tragen. Sobald man in Tiffanys Blütenschale Früchte legt, geht das Wort von Meister Eckart in Erfüllung, dass Blüte und Frucht jenseits der Zeit und aus transzendenter Sicht immer eins sind.
Welche Farben verbinden Sie mit Transzendenz? Welche Farben lassen in der Blüte schon den Duft und das zukünftige Schimmern der reifen Frucht erahnen? Ein Mandala, mit dem Sie innere wie äußere Reifeprozesse meditieren können, gerade wenn Sie sich in Geduld üben müssen. Vielleicht lernen Sie dabei wie Louis Tiffany die »Geometrie der krummen Linie« zu schätzen, die oft mehr Schönheit erzeugt als die kürzeste Verbindung zwischen zwei Punkten.

Glasschale von Louis Comfort Tiffany (1848–1933), New York, USA, 1896 ▶

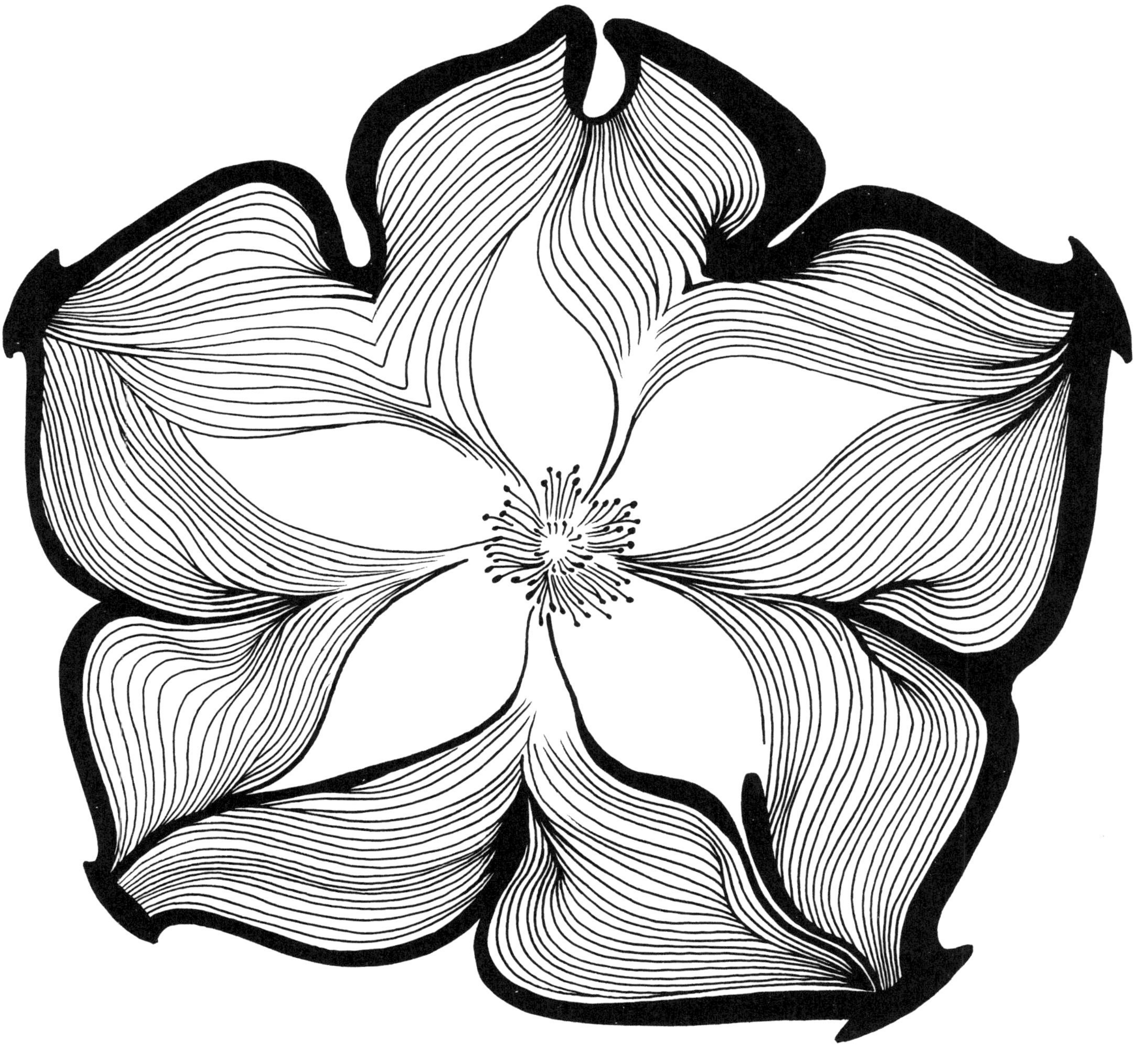

Der Geist der Gelehrten

Das Glas in den Fenstern,
durch das die Lichtstrahlen eindringen,
ist der Geist der Gelehrten,
welche die himmlischen Dinge
wie ein dunkles Bild in einem Spiegel erkennen.

Honorius von Autun

In der Pariser Nationalbibliothek wird ein einzigartiges Zeugnis mittelalterlichen Kunstschaffens aufbewahrt, das Skizzenbuch des Villard de Honnecourt, einem französischen Bauhüttenleiter aus der Picardie. Der Kodex gewährt einen einmaligen Einblick in die Kunst des hochgotischen Bauwesens. Enthalten ist auch eine Skizze für das Rundfenster in der Kathedrale von Lausanne. Auch wenn das Fenster später etwas abweichend realisiert wurde, so eignet sich doch die Zeichnung gut, um beim Ausmalen die »göttliche Geometrie« nachempfinden zu können, die hinter dem gotischen Baugedanken steht.
Jede Zahl hatte eine symbolische Bedeutung sowie eine geometrische Entsprechung. Eins: Einheit aller Dinge – der Kreis und sein Zentrum. Zwei: Dualität, Zusammenfallen der Gegensätze – Paare quer über das Zentrum. Drei: das schöpferische Dritte, das die Dualität überschreitet – Dreieck. Vier: Materie, Elemente, Winde, Jahreszeiten, Himmelsrichtungen – Quadrat. Fünf: der Mensch, der gekreuzigte Christus mit den fünf Wunden – Fünfeck. Sechs: Gleichgewicht, seelische Balance – Davidstern, Siegel Salomons. Sieben: Lebensalter, Planeten, Tugenden, Geistesgaben, freie Künste – mystische Zahl. Acht: Taufe und Wiedergeburt – Oktogon. Zwölf: Vollkommenheit, Universum, Zeit, Stämme Israels, Apostel.

Zeichnung auf Pergament aus dem Bauhüttenbuch des Villard de Honnecourt, zwischen 1225 und 1235, heute Bibliothèque Nationale, Paris ▶

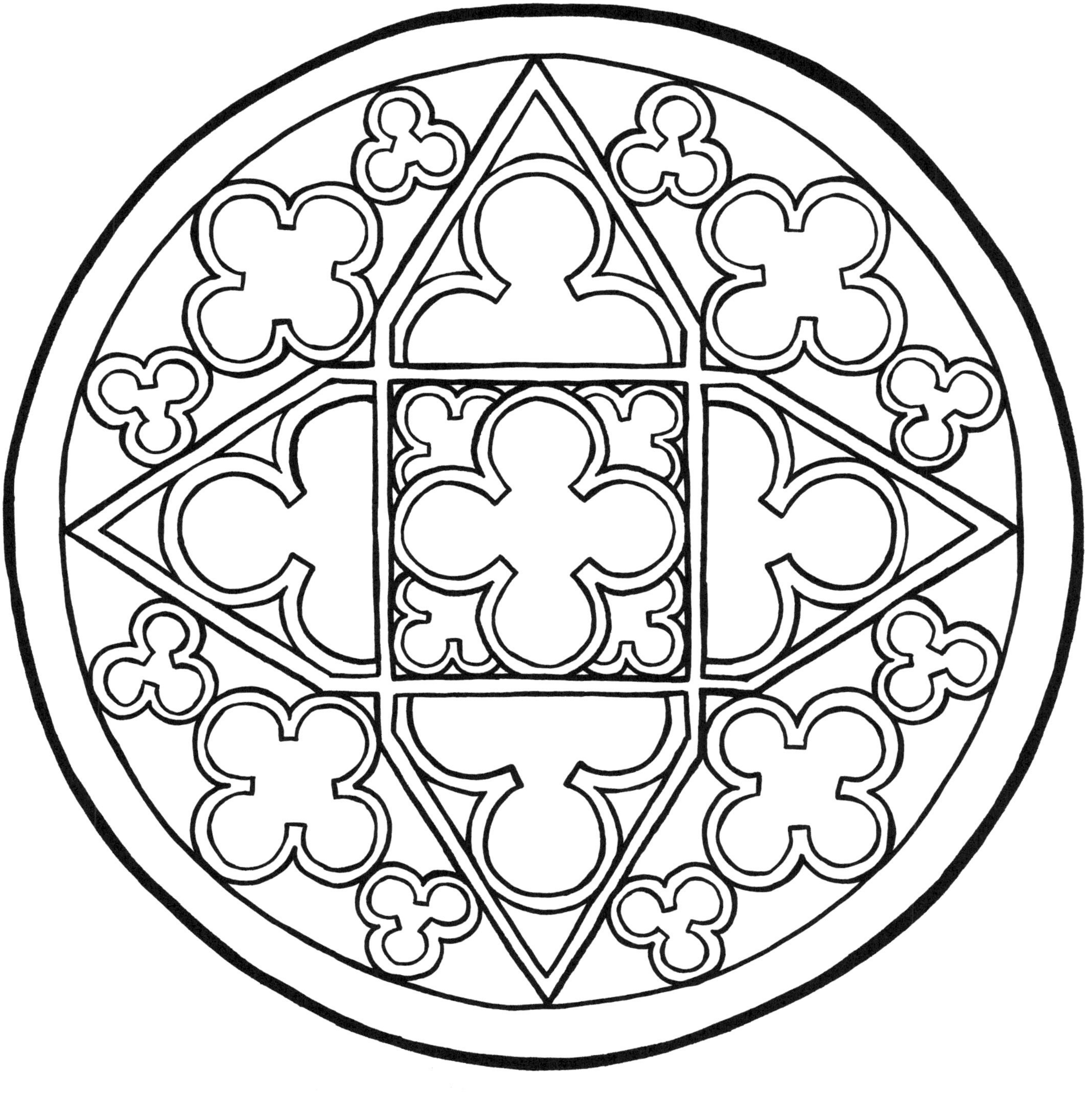

Die Quelle des Guten

Blick in dein Inneres!
Da drinnen ist eine Quelle des Guten,
die niemals aufhört zu sprudeln,
wenn du nicht aufhörst nachzugraben.
Marc Aurel

Marc Aurel, der Philosoph auf dem römischen Kaiserthron, hat sich immer geweigert, sich über Macht, Geld und Ruhm zu definieren. Stattdessen strebte er nach einer durch und durch edlen Gesinnung und noblen Grundsätzen für seine persönliche Lebensführung.
Die wichtigste Hilfe auf diesem Weg waren für ihn seine überaus genauen und berühmt gewordenen »Selbstbetrachtungen«. Nur wer ehrlich und selbstkritisch darüber reflektiert, was die wahren Motive seines eigenen Denkens und Handelns sind, gelangt zu echter Vernunft, Güte, Hochherzigkeit, Einfachheit und Weisheit. Für Marc Aurel gibt es darum auch nur einen Beruf: »Gut zu sein« und etwas für den »Geist der Gemeinschaft« zu tun. Was diesem gut tut, fördert immer auch einen selbst und wird stets als Quelle des Guten sprudeln.

Fußbodenmosaik aus einer römischen Stadtvilla in Verulamium, in der Nähe der heutigen Stadt St. Albans, Hertfordshire, Großbritannien, 2. Jahrhundert nach Christus ▶

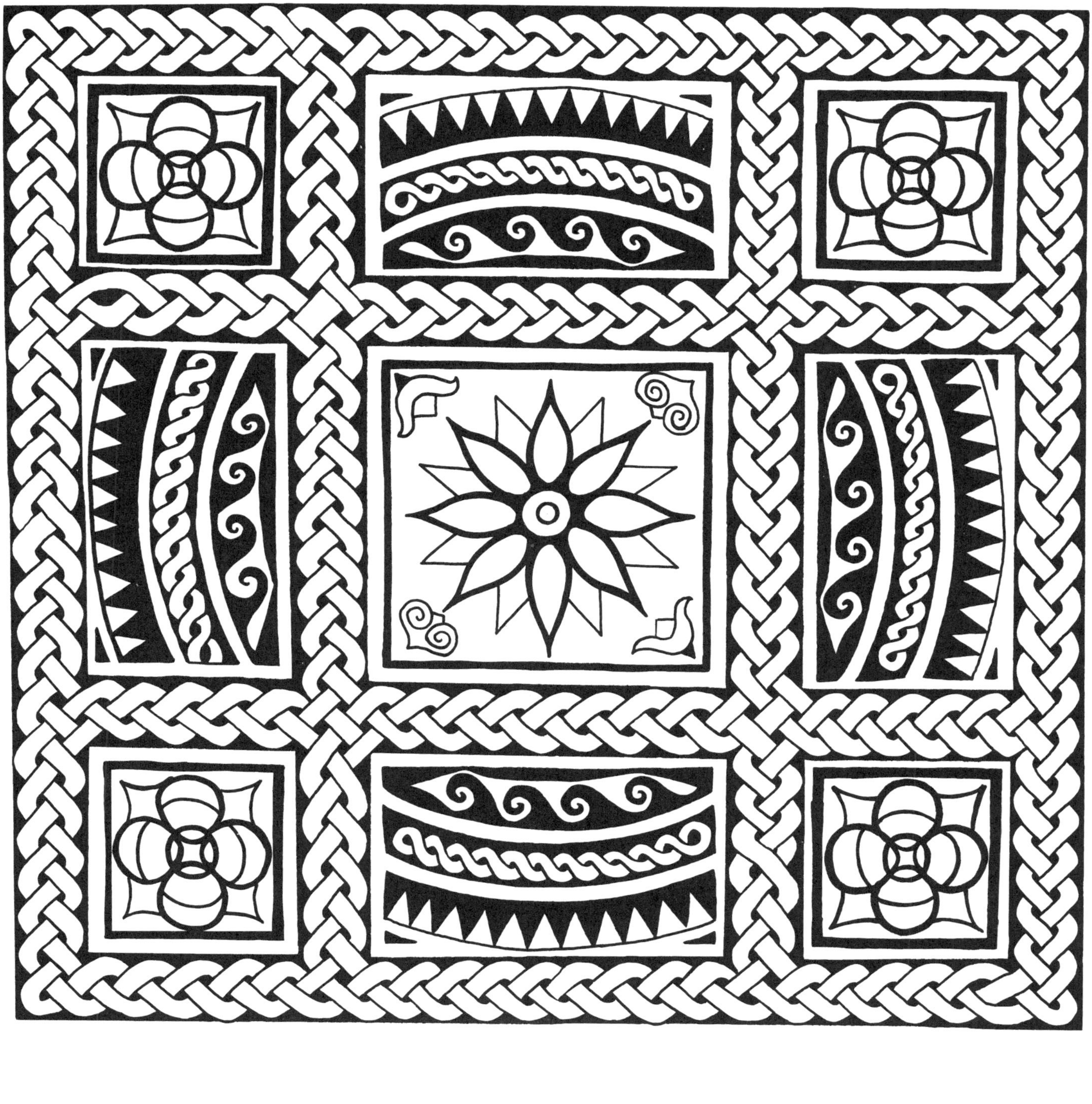

Der Bambuskreis

Wer Bambus malen will,
muss ihn im Herzen haben.

Fernöstliche Weisheit

Der rasch wachsende, vitale Bambus gehört in China und Japan zu den symbolträchtigsten Pflanzen. Er trotzt Wind, Schnee, Eis und Sturm. Bambus vermag große Belastungen auszuhalten und sich großem Druck zu beugen, ohne daran zu zerbrechen. Im Gegenteil: Dank seiner enormen Biegsamkeit richtet er sich immer wieder gerade auf und beweist so aus konfuzianischer Sicht Charakterfestigkeit und Geradlinigkeit. Chinesische Maler und Poeten zählen ihn noch heute zusammen mit Pflaumenbaum und Kiefer zu den »drei Freunden des Winters« und feiern in Bildern und Gedichten die noble Pflanze.

Auch im Zen-Buddhismus wurde dem Bambus besondere Wertschätzung zuteil. Für die spirituellen Meister verkörperte der hohle Bambusstängel das auch vom Mensch anzustrebende Ideal der »inneren Leere«.

Ein gutes Mandala, um sich in Zeiten der äußeren Belastungen auf die eigenen inneren Stärken zu besinnen.

Familienwappen mit Bambus-Motiv, aus einem Buch über asiatische Kunst, Japan, Edo-Zeit (1603–1868) ▶

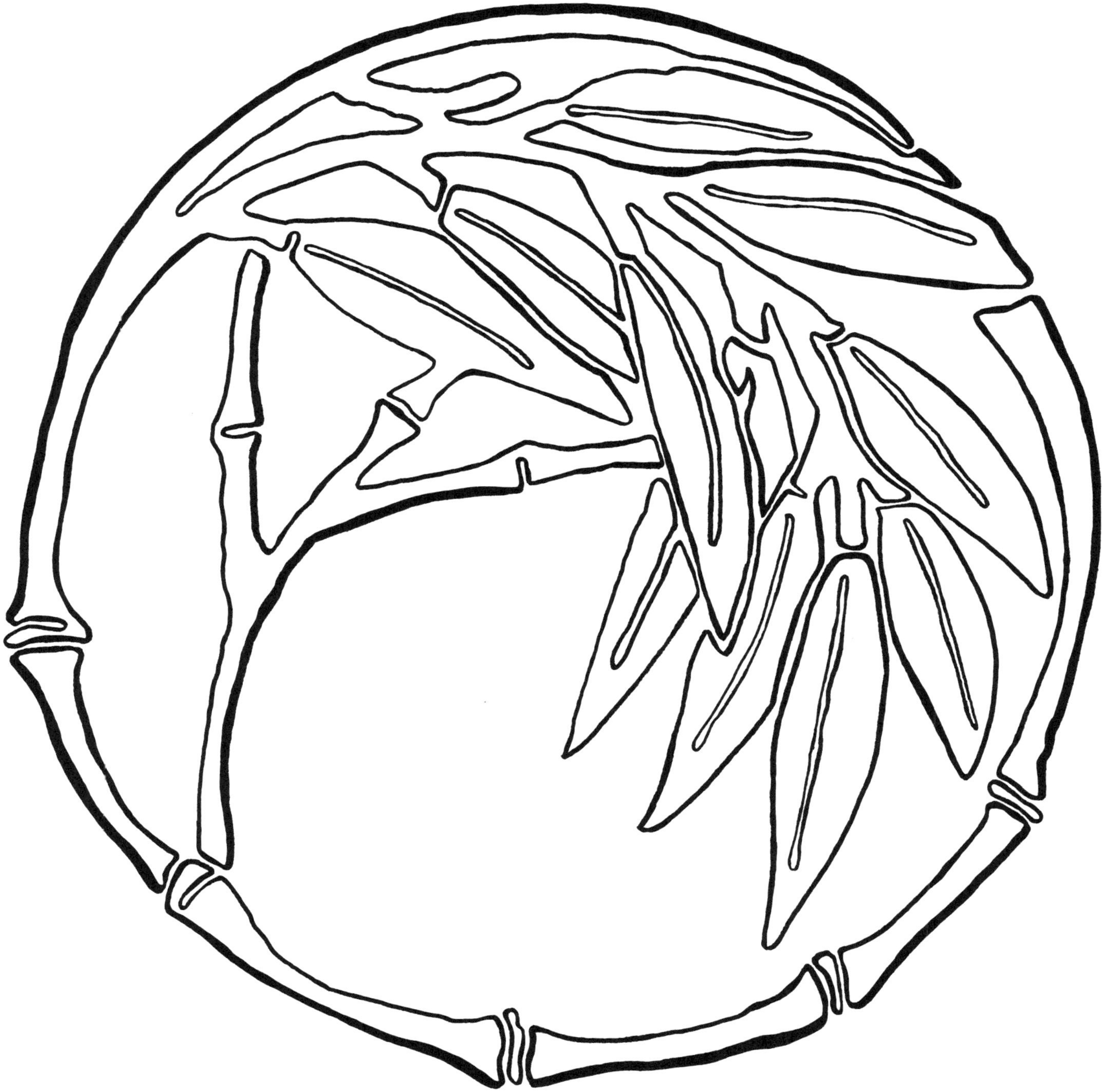

Das Licht der inneren Kirche

Die äußere Kirche ist ein Raum, geöffnet und erleuchtet von Kerzen, Leuchtern und Lampen, damit die Gläubigen den herrlichen Altar Gottes wahrnehmen und ihn anbeten und ehren. Genauso sind auch Bewusstsein, Verstand und Wille des wahren Christen eine innerliche Kirche, in der die geistige Anbetung und Kontemplation gepflegt wird. Hier konzentriert sich das Bewusstsein auf Gott. Der Verstand zeigt, was gute Werke und ein heiliges Leben sind. Und der Wille hat unendlich viel Liebe.

Ramon Llull

Vorlage für dieses Mandala war nicht etwa, wie man meinen könnte, das Maßwerk eines gotischen Rosenfensters, sondern ein 1400 Jahre alter byzantinischer Leuchter aus Metall. Dieser sogenannte Polycandelon konnte in den sechzehn Ringen seines Außenbandes gläserne Öllämpchen aufnehmen. An der zweiten Radrosette waren drei Ketten befestigt, mit denen der Lampenteller an die Decke gehängt wurde. Dass er für eine Kirche bestimmt war, verraten die eingearbeiteten Kreuze.
Der byzantinische Kandelaber birgt noch ein Geheimnis: Je komplexer die Ornamentik eines Polycandelon gestaltet ist, desto schöner und größer ist das Schattenbild, das er auf den Boden wirft. Ein flackerndes Mandala des Glaubens, gewebt aus Licht und Dunkelheit, in dessen Mitte der Kontemplative stehen und beten konnte.

Polycandelon, Metalllegierung, byzantinisches Reich, 6. Jahrhundert, heute Royal Ontario Museum, Toronto, Kanada ▶

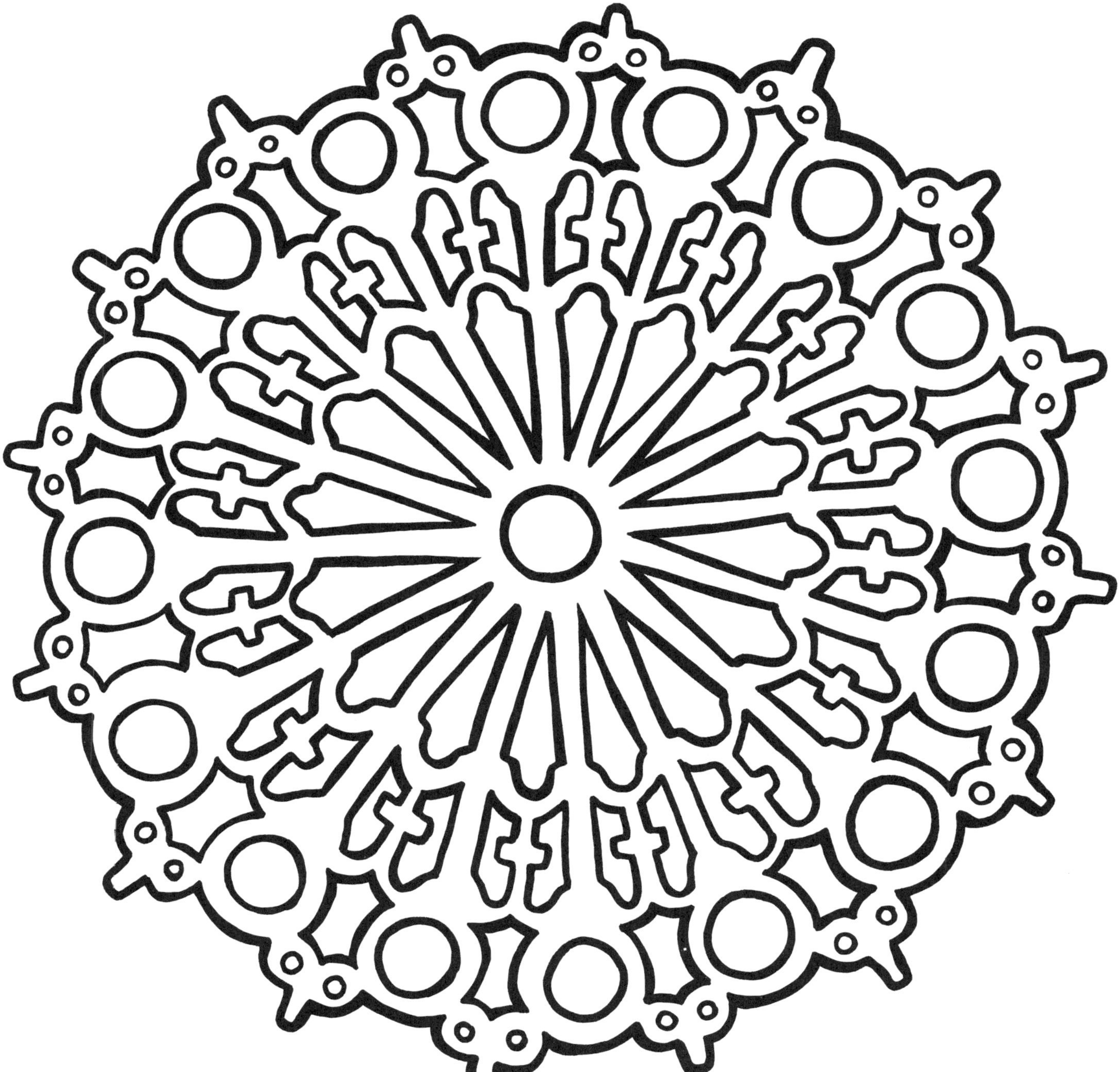

Die Schönheit des Augenblicks

Nur kein ängstliches Besinnen:
lass doch sprudeln, lass doch rinnen,
was im Herzen wogt und quellt!
Aber – dass es nicht zerfließe,
in das engste Maß es gieße:
in den Augenblick die Welt!

Richard Dehmel

Sieben farbige Hexagone wurden für einen Quilt aus leuchtenden Stoffen zu einem dynamischen Arrangement zusammengefügt. Die Künstlerin verwendete im Original stark irisierende Farben. So leuchtet etwa der Mittelstern in türkis schimmernden Meerestönen. Für die Gestalterin selbst symbolisiert ihr Quilt »das flüchtige, vorübergehende, vergängliche, sich beständig wandelnde Wesen der Welt«. Ein kurzer Augen-Blick durch ein Kaleidoskop hatte sie zu ihrer monatelangen Gestaltung motiviert und dem fertigen Quilt zu seinem Namen »Kaleidoskopische Wandlungen« verholfen.
Achten Sie beim Ausmalen doch einmal darauf, wie Ihnen die einzelnen Farben genau in dem Moment »zufallen«, wo sie gebraucht werden. Sie werden merken, dass für einen aufmerksamen Maler jeder Augenblick farbig und schön für sich selbst ist – wie im Kaleidoskop der Wandlungen.

»Kaleidoscopic Mutations«, Quilt aus reiner Baumwolle, Größe ca. 200 x 180 cm, maschinengenäht und handgequiltet, USA, 20. Jahrhundert ▶

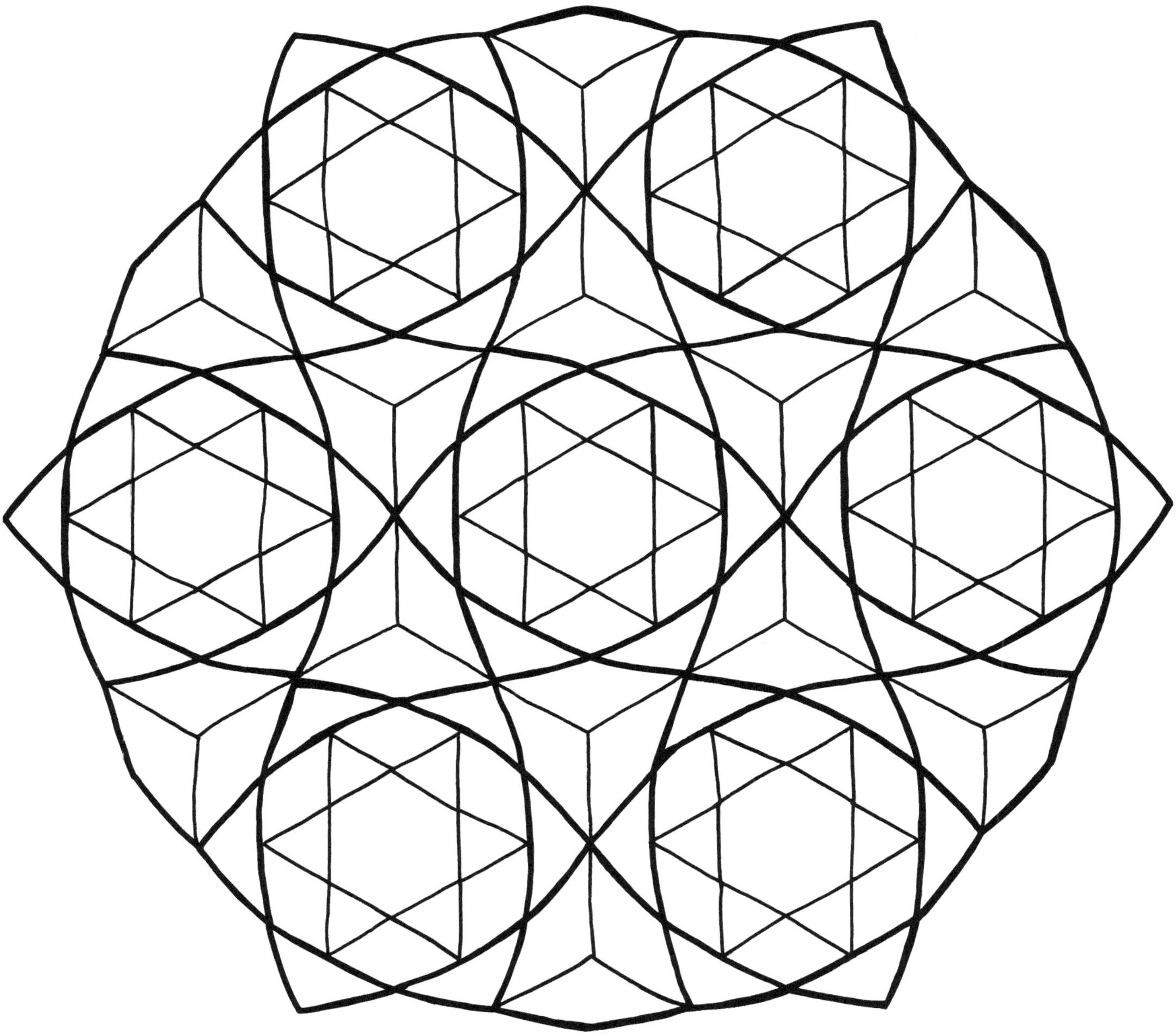

Die Tür zur Stille

Du kannst die Wahrheit nur ganz verstehen,
wenn sie dir aus einem Geheimnis zukommt,
das mit keinem Wort zu fassen ist.
Der Zugang zu ihm heißt:
»Die Tür zur Stille jenseits aller Tätigkeit.«
Reinige deinen Geist von dem Gestrüpp
Des bloßen Denkens in deinem Kopf,
das die Dinge voneinander trennen will.
Wer die Wahrheit sucht mit Hilfe seines Kopfdenkens
oder der Gelehrsamkeit,
wird sich nur immer weiter von ihr entfernen.

Zenmeister Huang Po

Jedes Mandala kann als Tür zur Stille beschrieben werden. Im wortlosen Prozess des Ausmalens übt man sich darin, sich dem Geheimnis des eigenen Innersten aufmerksam und zugleich absichtslos zuzuwenden. Vielleicht möchten Sie in die Rosette der Stille »sprechende Farben« einfügen, die in China besonderes Ansehen genießen? Rot gilt als die Farbe des Glücks und Gelingens. Tiefes Blau repräsentiert Unsterblichkeit und machte chinesisches Porzellan weltberühmt. Gelb ist die heilige Farbe. Auch der Kaiser trug sie als Zeichen für seine weltliche Macht, Würde und Stärke. Das strahlendste Gelb hieß »Efeugelb« oder »Rattangelb« und kam gar nicht aus China, sondern aus Kambodscha. Seit dem 8. Jahrhundert importierten die Chinesen den Farbstoff Gamboge. Das Farbharz des Gummiguttbaums braucht etwa ein Jahr, um aus dem Stamm zu tropfen – ein Prozess, der sich in aller Stille vollzieht.

Rosette auf bunt bedrucktem Stoff, China, frühes 20. Jahrhundert ▶

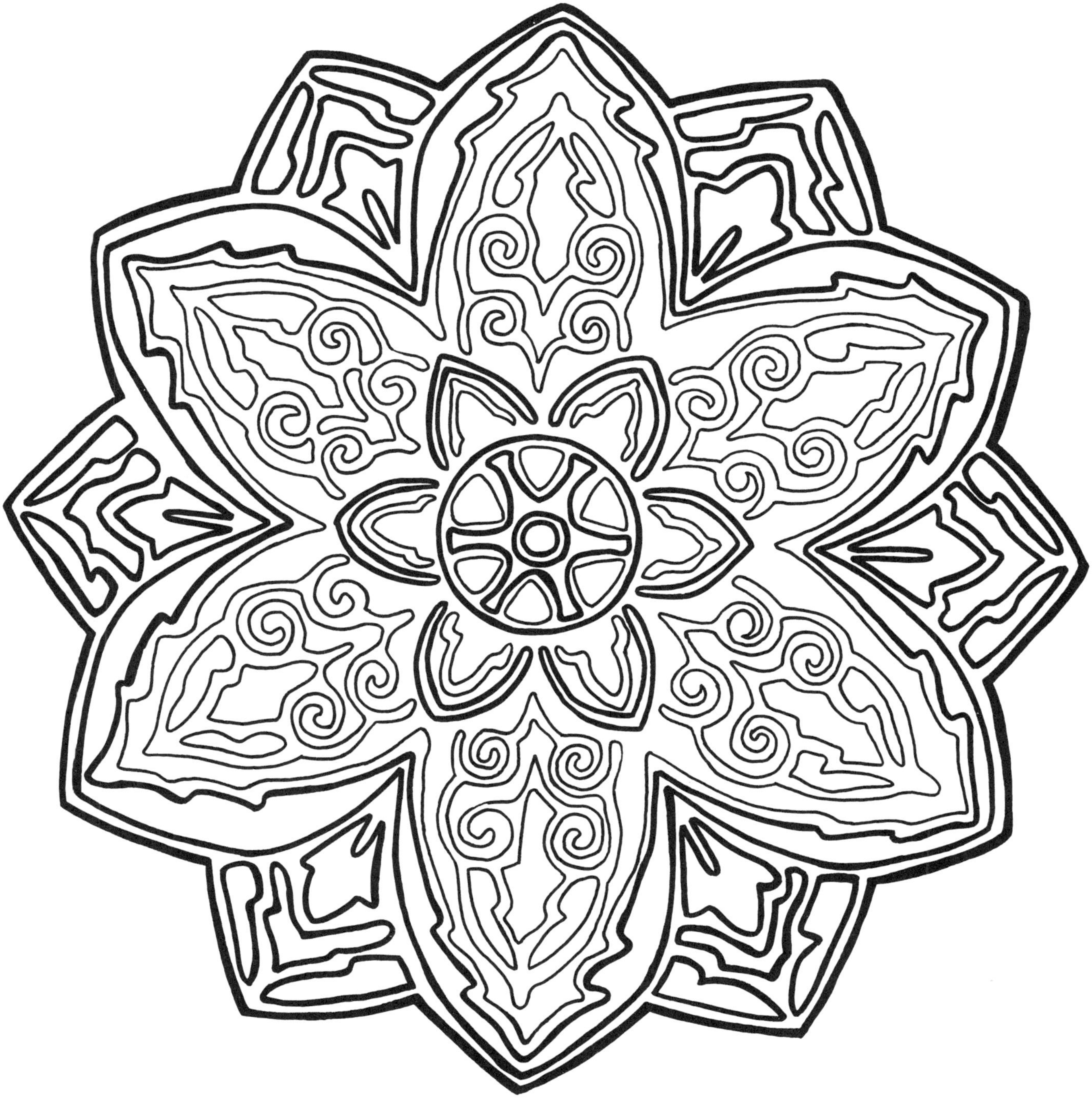

Im Muschelhaus

»Jetzt, im ruhigen Alter«,
fuhr er nach einigem Stillschweigen fort,
»ist die Natur mein vorzüglichstes Studium.
Ich finde allenthalben wunderbare Bedeutsamkeit
und rätselhafte Winke.
Jede Blume, jede Muschel erzählt mir eine Geschichte,
so wie ich euch eine erzählt habe.«

Ludwig Tieck, Franz Sternbalds Wanderungen

In der Sommerresidenz der Würzburger Fürstbischöfe, dem Schloss Veitshöchheim in Mainfranken, steht eine besondere Sehenswürdigkeit: das 1772 erbaute »Muschelhaus«. Es beherbergt zwei Geschosse: Der untere Teil, eine kleine Grotte, symbolisiert Plutos Unterwelt, der obere Teil gewährt als Aussichtspavillon Einblick in die geistige Welt mit Licht und Himmel. Innen und außen ist das Muschelhaus mit Glimmer, Glasfluss, Muscheln, Schneckenhäusern und kleinen Kieselsteinen verkleidet. Vor dem Eingang wachen phantastische Fabeltiere aus Stuck und Muscheln in ihren Höhlen. Ein geheimnisvoll unwirklicher Ort, der dazu anregt, sich für eine Weile von der nüchternen Wirklichkeitswahrnehmung zu lösen und der Phantasie die Führung zu überlassen. Das Muschelhaus-Mandala können Sie beim Ausmalen gleichsam ans Ohr halten wie eine Muschel. Welche Geschichten erzählt es Ihnen, wenn Sie in es hineinlauschen? Erinnert es Sie an einen rätselhaften Wink, den Sie schon einmal bekommen haben? Welche Farben empfinden Sie als wundersam, welche Farbtöne beflügeln Ihre Phantasie? Vertrauen Sie Ihrer Intuition!

Muscheldecke im Grottenhaus des Veitshöchheimer Hofgartens bei Würzburg, 1772 gestaltet von Johann Philipp Geigel. Abbildung auf einem Schreibblock der Bayerischen Schlösserverwaltung, Deutschland, 21. Jahrhundert ▶

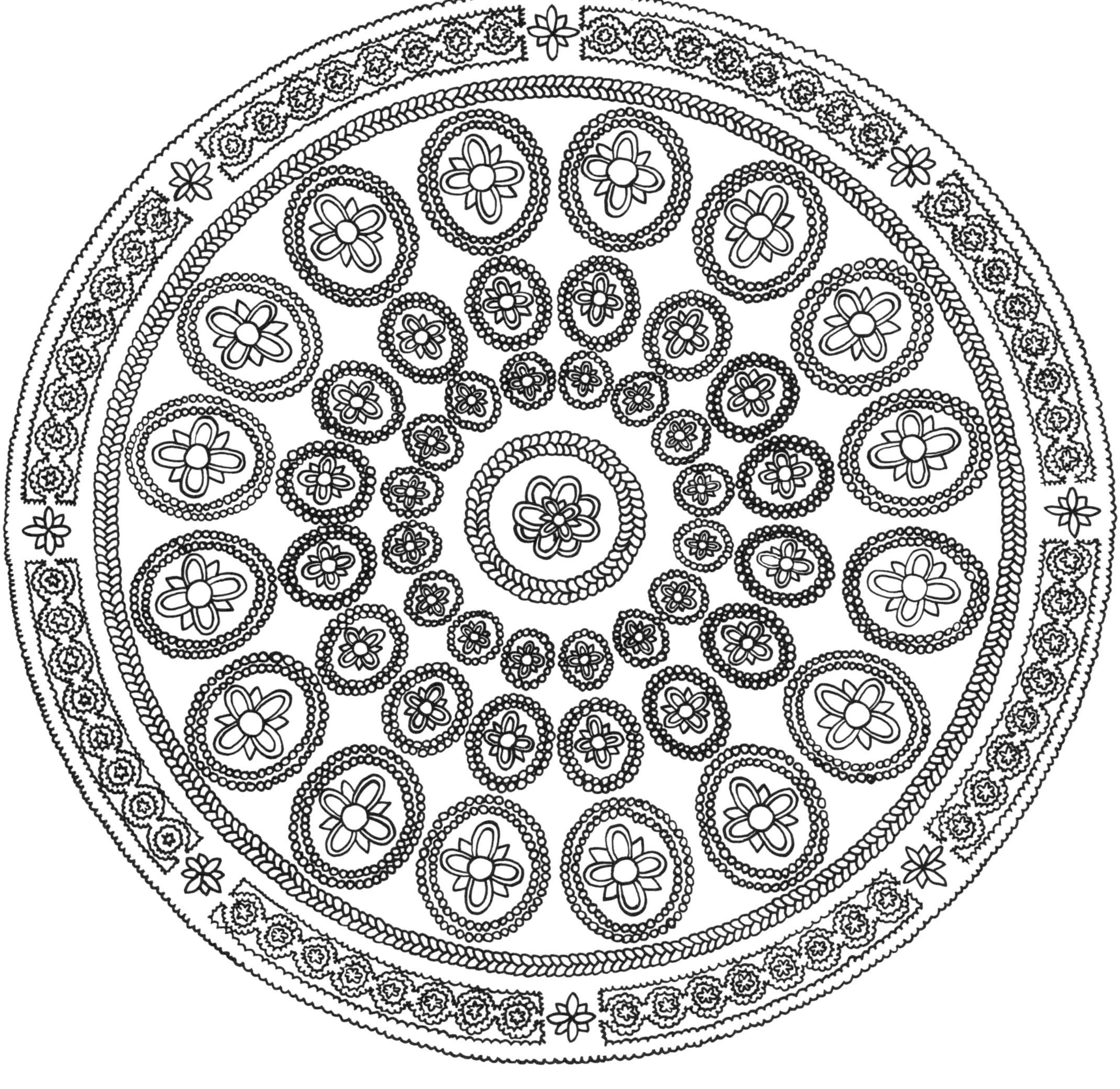

Die Sonne des Kalligraphen

Ich finde Gott
An der Spitze meiner Feder,
meiner Hacke, meines Pinsels,
meiner Nadel, meines Herzens,
meiner Gedanken.
Indem ich den Strich, Schlag, Stoß
bis zu seiner höchsten natürlichen
Vollendung bringe,
erfasse ich das letzte Ziel.
Pierre Teilhard de Chardin

Im 16. Jahrhundert erlebte die Kunst der Modisten oder Kalligraphen eine Blütezeit in Europa. Die berühmtesten Schreibmeister gaben eigene Handbücher mit Vorlagen heraus und trugen dazu bei, dass die einfacher zu schreibende und zu lesende Kursivhandschrift oder »English Hand« wegen ihrer fließenden Linien nach und nach die gotischen Lettern verdrängte. An ihrer Ästhetik schulte sich eine Heerschar professioneller Schreiber, Notare und Kanzleisekretäre.
Die alten Schreibmeister waren sich aber stets bewusst, dass sie mit dem Medium Schrift weit über Recht, Wirtschaft und Handel hinaus kommen konnten und wie viel Kultur und Geist sich durch eine schlichte Schreibfeder offenbaren kann. Ein echter Kalligraph verschrieb sich mit seiner »schwarzen Kunst« immer auch dem Dienst an der Schönheit und brachte so mehr Glanz in die Welt.
Folgen Sie den schwungvollen und eleganten Linien der Meisterhand und lassen Sie dabei all die Farben um die Sonne herum erstrahlen, die Ihnen spontan »einleuchten«.

Sonnenschrift von Edward Cocker (1631–1672), englischer Graveur, Kalligraph und Verfasser mehrerer Schreibbücher, Großbritannien, 17. Jahrhundert ▶

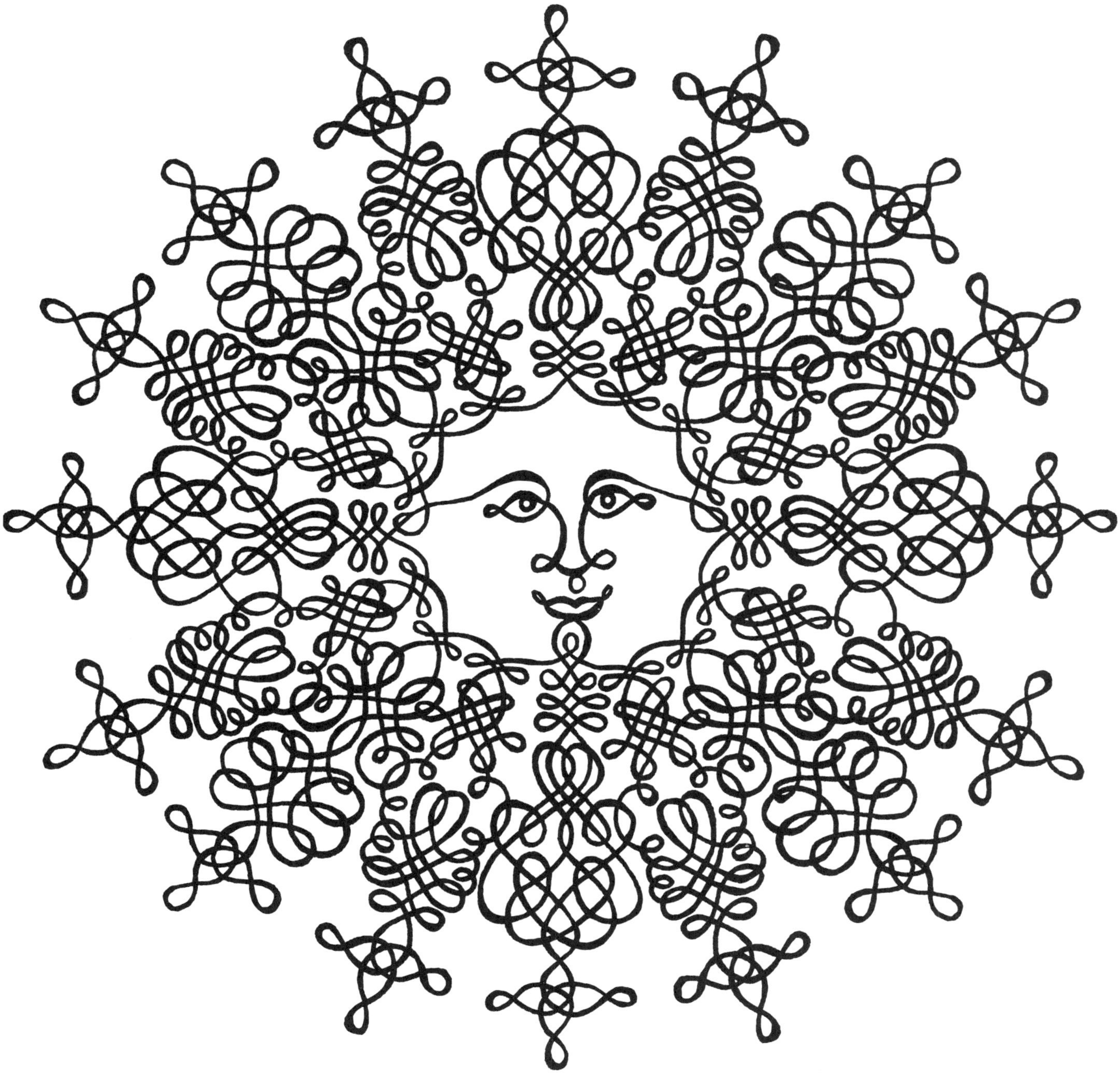

Der Weizenkranz

So etwas wie mein Brot gibt es nicht. Alles Brot ist unseres und wird mir von anderen gegeben und anderen von mir. Nicht nur das Brot, sondern alle lebensnotwendigen Dinge sind uns zusammen mit anderen geliehen – wegen anderen, für andere und anderen durch uns.

Meister Eckhart

Die streng religiöse Gruppe der »Amisch Leit« lebt in Amerika seit Generationen stark abgesondert von der Außenwelt in bemerkenswert engen Gemeinschaften. Die Amish sind friedfertig und hilfsbereit, sie halten fest zusammen und sind bereit, alles miteinander zu teilen.
Als Farmer leben »Amische« überwiegend von der Feldwirtschaft. Viele Männer verdienen für das »täglich Brot« zusätzlich Geld mit traditionellem Handwerk, etwa als Schreiner oder Kutschenbauer. Die Frauen steuern durch Nähen von aufwendigen Quilts zum Familienunterhalt bei. Weil die Gemeinschaft den Gebrauch von Elektrizität ablehnt, wird nur von Hand oder mit fußbetriebenen Nähmaschinen gearbeitet. Das klassische Weizenkranz-Motiv für dieses Mandala stammt von einem solchen Amish Quilt im alten Stil. Allerdings begeht dieser Quilt auch einen gewissen Traditionsbruch durch sein rein weißes Design. Ursprünglich verwendeten Amishfrauen nur unifarbene dunklere Stoffreste, weil diese weniger schmutzempfindlich waren und ihrem Wunsch nach größtmöglicher Schlichtheit entsprachen. So sind die typischen Amish-Farben gedeckte »natürliche« Farbtöne: Schwarz, Blau, Grün, Dunkelrot, Lila, Braun und Grau. Heute arbeiten viele Frauen auch leuchtende Farben und bunte Muster in ihre Decken mit ein.

Mittelstück des Quilts »Kansas Wheat«, ca. 230 x 270 cm, reine Baumwolle, handgequiltet von einer Künstlerin mit Amish-Abstammung, USA, 20. Jahrhundert ▶

Die Herrlichkeit Gottes

Und der Engel zeigte mir die heilige Stadt Jerusalem hernieder kommen aus dem Himmel von Gott, die hatte die Herrlichkeit Gottes; ihr Licht war gleich dem alleredelsten Stein, einem Jaspis, klar wie Kristall... Die Grundsteine der Mauer um die Stadt waren geschmückt mit allerlei Edelsteinen. Der erste Grundstein war ein Jaspis, der zweite ein Saphir, der dritte ein Chalzedon, der vierte ein Smaragd, der fünfte ein Sardonyx, der sechste ein Sarder, der siebente ein Chrysolith, der achte ein Beryll, der neunte ein Topas, der zehnte ein Chrysopras, der elfte ein Hyazinth und der zwölfte ein Amethyst...
Und die Stadt bedarf keiner Sonne noch des Mondes, dass sie ihr scheinen; denn die Herrlichkeit Gottes erleuchtet sie.

Die Bibel, Offenbarung 21

Das kostbare Scheibenkreuz von Hildesheim folgt der alten Tradition der Sonnenscheiben. Um eine lichtvolle Mittelachse ordnet sich ein Rad mit vier Kreuzarmen als Speichen. Dazwischen erkennt man vier zusätzliche Sonnenstrahlen. Der kreisförmige Umlauf der »unbesiegbaren Sonne« (sol invictus), die nach jedem Untergang aufs Neue wieder »aufersteht«, galt den Christen als Gleichnis für den auferstandenen Christus. Um die Lichtsymbolik hervorzuheben, legten die mittelalterlichen Goldschmiede ihre goldenen Scheibenkreuze als filigrane Durchbruchsarbeit an und verwendeten mit Vorliebe durchscheinende Edelsteine wie Bergkristall, Amethyst oder Aquamarin.
Hier können Sie beim Ausmalen die »Licht bringenden« Farbtöne von Aquamarin, Rosenquarz, Opal, Feuerachat, Rubin, Saphir, Carneol, Lapislazuli, Chrysopras, Mondstein oder Goldorthoclas aufleuchten lassen.

Romanisches Scheibenkreuz (Flabellum), vermutlich in Hildesheim gefertigt, Dom Museum Hildesheim, Deutschland, 2. Drittel 12. Jahrhundert. Scheibenkreuze haben unten einen Dorn. So konnten sie als Vortragekreuz in einen Stab oder als Standkreuz am Altar in einen Fuß gesteckt werden. ▶

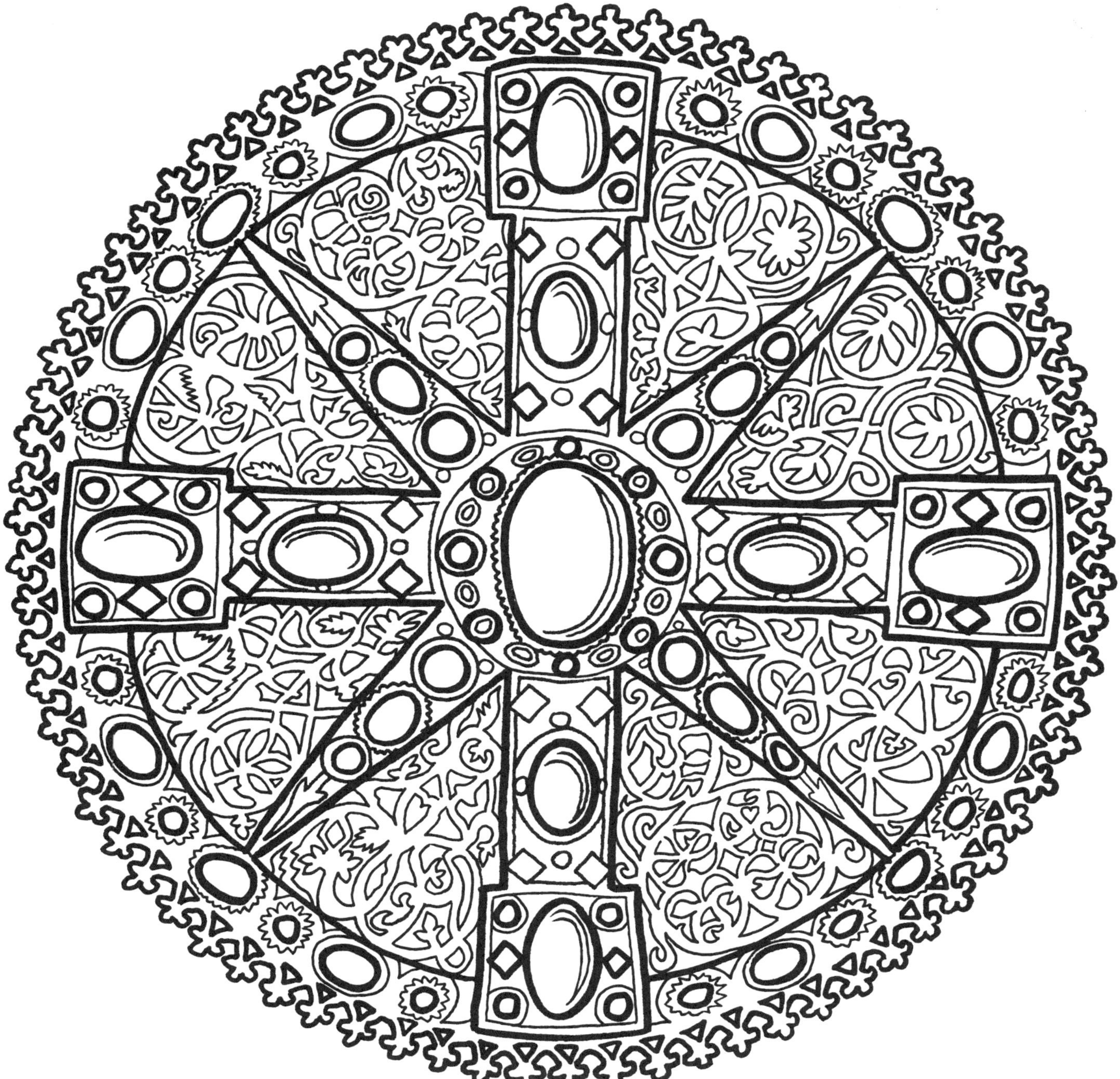

Der Ruf an alle Dinge

Die Ordnung einer eigentümlichen Figur
und der Zusammenklang einer eigentümlichen Zahl
rufen alle Dinge herbei.

Giordano Bruno, Über die Monas

Bei diesem Mandala handelt es sich um eine Zeichnung des Philosophen und Priesters Giordano Bruno, der für seine Lehren auf dem Scheiterhaufen verbrannt wurde. Bruno war gegen die herrschende Kirchenlehre davon überzeugt, dass das Weltall unendlich sei und auch unendlich viele Lebewesen auf anderen Planeten leben müssten – alles andere sei einer unendlich zu denkenden Gottheit nicht würdig.
In seiner »Figur des Geistes« sind die drei geometrischen Grundformen Dreieck, Quadrat und Kreis in vollständiger Ausgewogenheit miteinander verbunden. Jede Form erscheint darüber hinaus in vielfacher Gestalt: Das große Quadrat enthält vier mal vier kleine. Die Vier symbolisiert Stabilität, Ruhe, Ausgewogenheit und Vollständigkeit. Der große Kreis umschließt vier weitere kleine und verkörpert damit eindrücklich Einheit, Ganzheit und Zusammenhalt. Die größte Anzahl aber ergeben die weit über 30 Dreiecke. Sie sind geheimnisvolle Verweise auf den Zusammenhang von Menschlichem und Göttlichem sowie auf das Zusammenspiel von Körper, Seele und Geist. Giordano Bruno war einer der ersten, der die Trennung zwischen Erde und Himmel, Immanenz und Transzendenz ablehnte: Alles ist heilig und klingt in wunderbarer Ordnung zusammen. Der »göttliche Puls« schlägt überall im Universum und ruft »alle Dinge herbei«.

Figur des Geistes, Giordano Bruno, Articuli centrum, Prag, 1588 ▶

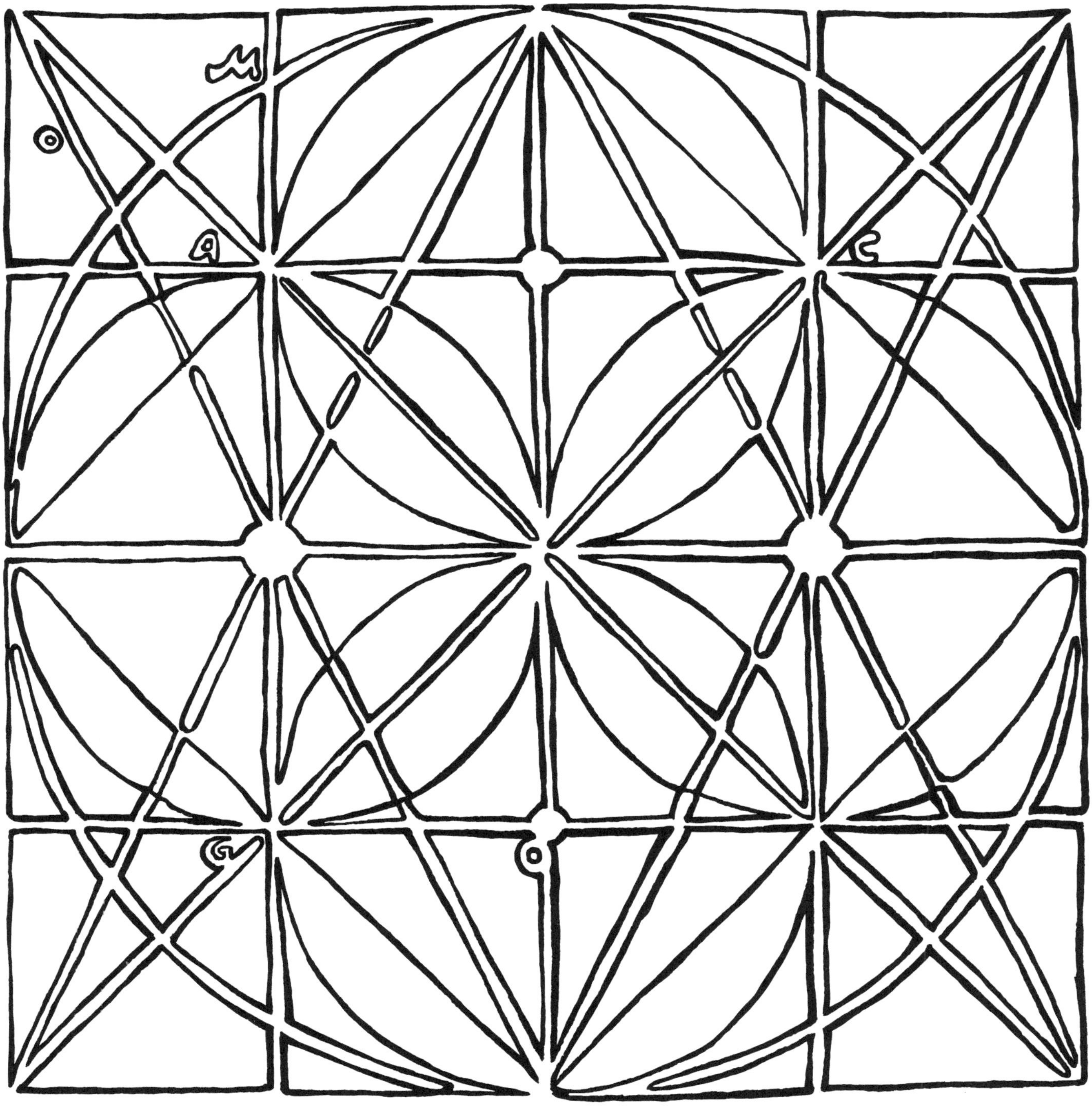

M
O
A
C
G

Der gute Draht

Vertraue dir selbst: Jedes Herz schwingt mit dieser metallenen Saite. Die magnetische Kraft allen ursprünglichen Handelns erklärt sich, wenn wir nach dem letzten Grund des Selbstvertrauens fragen.
Wer ist die Vertrauensperson? Was ist dieses uranfängliche Selbst, auf das man sich so allumfassend verlassen darf?
Das Fragen führt uns zu diesem Quell, der Essenz sowohl des Genies als auch der Tugend als auch des Lebens. In dieser tiefen Kraft finden alle Dinge ihren gemeinsamen Ursprung.

Ralph Waldo Emerson

Einen guten Draht für andere zu haben bedeutet, vertrauensvoll die »metallene Saite des Herzens« in sich schwingen lassen zu können: Was klingt in mir wider in einem Gespräch, einer Begegnung? Welche Resonanzen kann ich jenseits der Worte wahrnehmen? Wem kann ich mein Vertrauen schenken?
Seinen Mitmenschen gegenüber »auf Draht« zu sein nützt aber nichts, wenn nicht die grundlegende Beziehung stimmt: die zu sich selbst.
Dieses bestechend einfache und zugleich kraftvolle Mandala stärkt Ihr Selbstvertrauen. Wählen Sie beim Ausmalen zunächst ein, zwei Farben, auf die Sie sich gerade besonders gut einschwingen können, und nehmen Sie dann wahr, welche Farben darauf »antworten« und etwas in Ihnen zum Klingen bringen möchten.

Detail eines Holzstuhls mit Drahtdekor, Volkskunst aus Malindi, Kenia, 20. Jahrhundert ▶

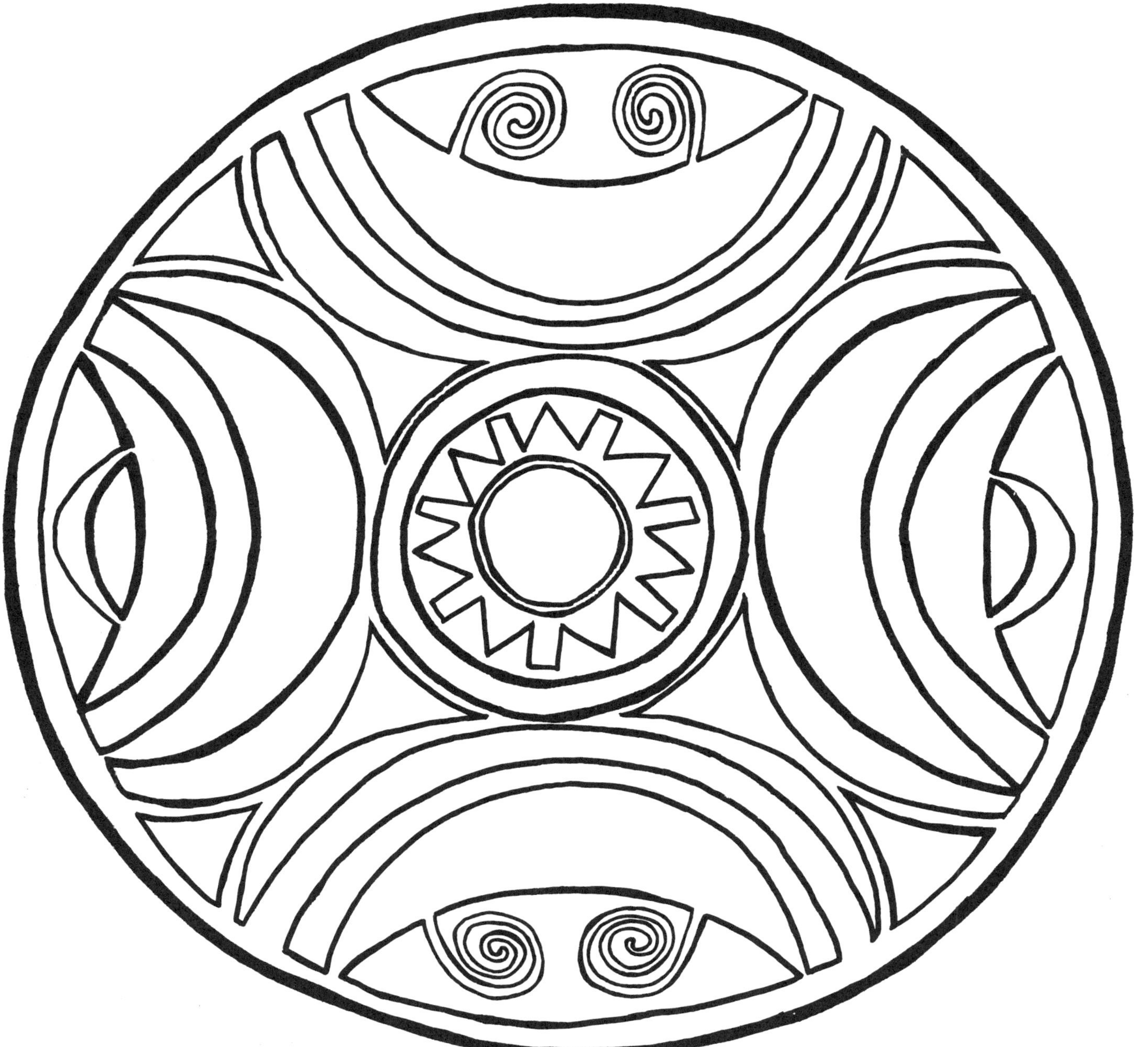

Der Stern von Burgos

Aus einer Sternenmasse ist das Leben entstanden.
Nach und nach stiegen wir auf,
bis wir Kantaten schreiben
und Nebelflecken abschätzen konnten …
Das Leben strebt der Bewusstwerdung zu.
Die Sternenmasse nährt ihre schönste Blume
und bildet sie langsam heran.

Antoine de Saint-Exupéry

In Burgos, Hauptstadt Altkastiliens und wichtige Station auf dem Jakobsweg nach Santiago de Compostela, steht die erste große Kathedrale Spaniens, die in gotischem Stil erbaut wurde. Von der Grundsteinlegung 1221 bis zum Baubeginn des nebenstehenden Sterngewölbes vergingen noch einmal 260 Jahre. Es hat die Form eines Oktogons und bildet den Abschluss der Condestablenkapelle im Chorbereich der Kathedrale. Nicht umsonst wird diese Kapelle auch Reinigungskapelle genannt. In ihrem Sterngewölbe begegnen sich zwei Religionen und Kulturen: Abendland und Morgenland, Christentum und Islam, Gotik und Maurischer Stil. Wie viel Schönheit ein solch friedlicher Dialog erzeugen kann, können Sie in diesem Mandala meditieren.
Ein Ort, dessen Harmonie die ersten Besucher der Kapelle so sehr entzückte, dass sie das Wort prägten, nicht Menschen, sondern Engel hätten diese Kuppel gebaut. Der Stern an der Decke ist nämlich verglast und erzeugt so das Gefühl, sein Licht direkt aus dem Himmel zu empfangen.

Sterngewölbe in der Kathedrale von Burgos, Kastilien-León, Spanien, erbaut zwischen 1482 und 1517 ▶

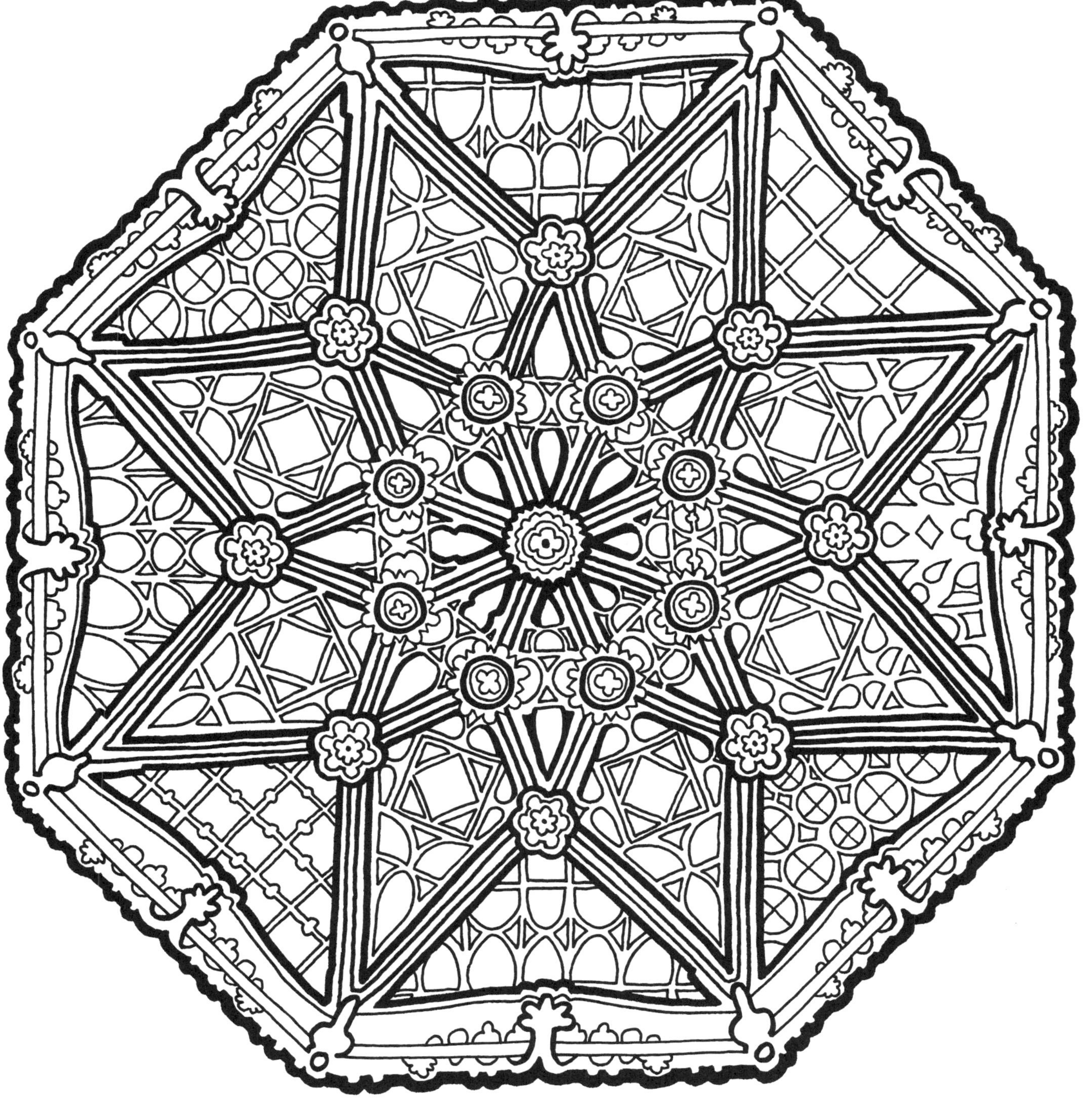

Das schwebende Leben

Luft, die alles füllet, drin wir immer schweben,
aller Dinge Grund und Leben,
Meer ohn' Grund und Ende, Wunder aller Wunder,
ich senk mich in dich hinunter.
Ich in dir, du in mir,
lass mich ganz verschwinden,
dich nur sehn und finden!

Gerhard Tersteegen

Dass es Wesen auf unserem Stern gibt, die lautlose Schönheit mit pulsierender Schwerelosigkeit so vollkommen in sich vereinen können wie die Meeresquallen, darf man getrost als wundersam betrachten. Die zarten, durchsichtigen oder milchigweißen Schirmscheiben oder Glocken der Quallen schweben im Meer auf und ab wie Traumwesen, die mehr aus Geist als aus Materie bestehen.
Christliche Mystiker wie Gerhard Tersteegen oder Jan van Ruysbroeck haben immer wieder das Heben und Senken des Atems meditiert. Sie kamen dabei zu dem Schluss, dass Gott einen meditierenden Menschen bei der Kontemplation »in sich selbst einatmet«. Dabei wird der wahre Kontemplative ganz durchscheinend für Gott und auf »vergeistigte Weise« in dessen Sein gezogen. Später atmet Gottes Geist den Kontemplativen wieder aus, damit er auf sehr »reale Weise« Liebe und gute Werke gegenüber anderen Menschen übt.
Vielleicht finden Sie zarte und luzide Farben, um Ihrem Mandala die entsprechende Leichtigkeit und Transparenz zu verleihen.

Draufsicht einer »Berenice« genannten Haarqualle, Motiv auf einer Tafel mit neun Hutquallen aus Lorenz Oken, Abbildungen zur Naturgeschichte für alle Stände, Thierreich, Tafel V, 1a, Stuttgart und Wien, 1834 ▶

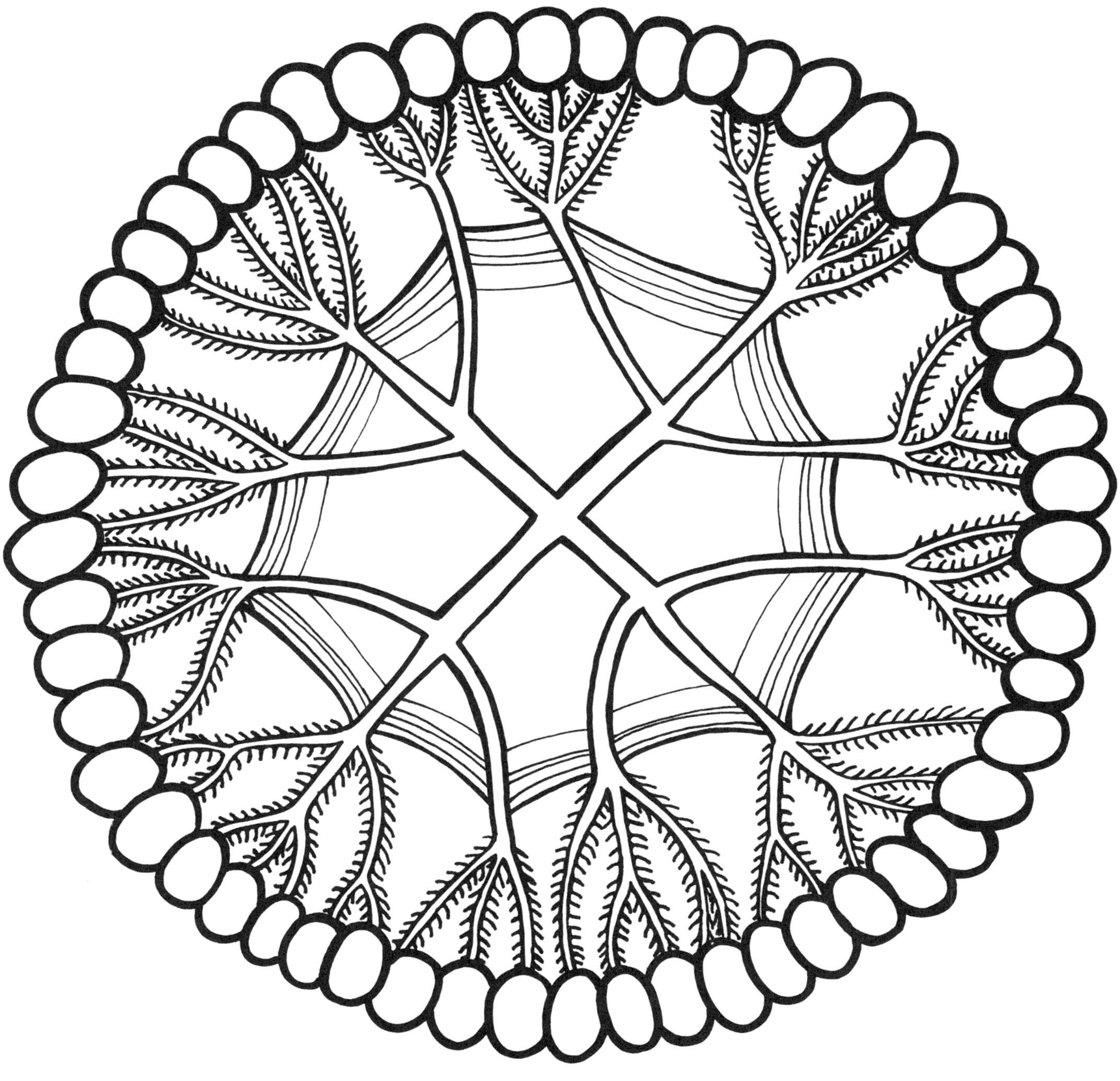

Mecklenburger Papierrose

Denn ob etwas ein Leben werden kann,
das hängt nicht von den großen Ideen ab, sondern davon,
ob man sich aus ihnen ein Handwerk schafft,
ein Tägliches, das bei einem aushält bis ans Ende.

Rainer Maria Rilke

Papiermaché ist nicht unbedingt ein Material, das für seine Langlebigkeit bekannt ist. So ist es auch ein kleines Wunder, dass diese Deckenrosette vierhundert Jahre überdauern konnte. Immer wieder war sie vom Zerfall bedroht. Wasser drang durch das undichte Kirchendach ein, weichte die Papierfasern auf und entstellte ihre Form. Die aufgenommene Feuchtigkeit löste die Farbschichten der weiß, grün, rot, blau und gelb gestalteten Blüte ab und ließ Schimmel wachsen. Ganze Teile des Randes wurden buchstäblich vom Zahn der Zeit zernagt – in Form von Wespen, die in den Pflanzenfasern einen willkommenen Baustoff für ihren Nestbau fanden.

Ihre heute wiedergewonnene Schönheit verdankt diese Papierrose einem erfahrenen Restaurator. Mit Ehrfurcht vor der Kunstfertigkeit vergangener Epochen und handwerklichem Geschick hat er dieses vergleichsweise kleine Deckendetail für die Nachwelt erhalten können.

So spricht dieses Mandala von der alltäglichen Freude, das Werk der eigenen Hände als schöpferisches Tun im Dienst der Schönheit zu erleben. Dafür bieten schon die ganz gewöhnlichen Handgriffe des Alltags genug Spielraum. Geben Sie ihnen Farbe!

Papiermachérosette, Renaissancedekor an der Kassettendecke der Kirche in Dorf Mecklenburg, Deutschland, um 1620 ▶

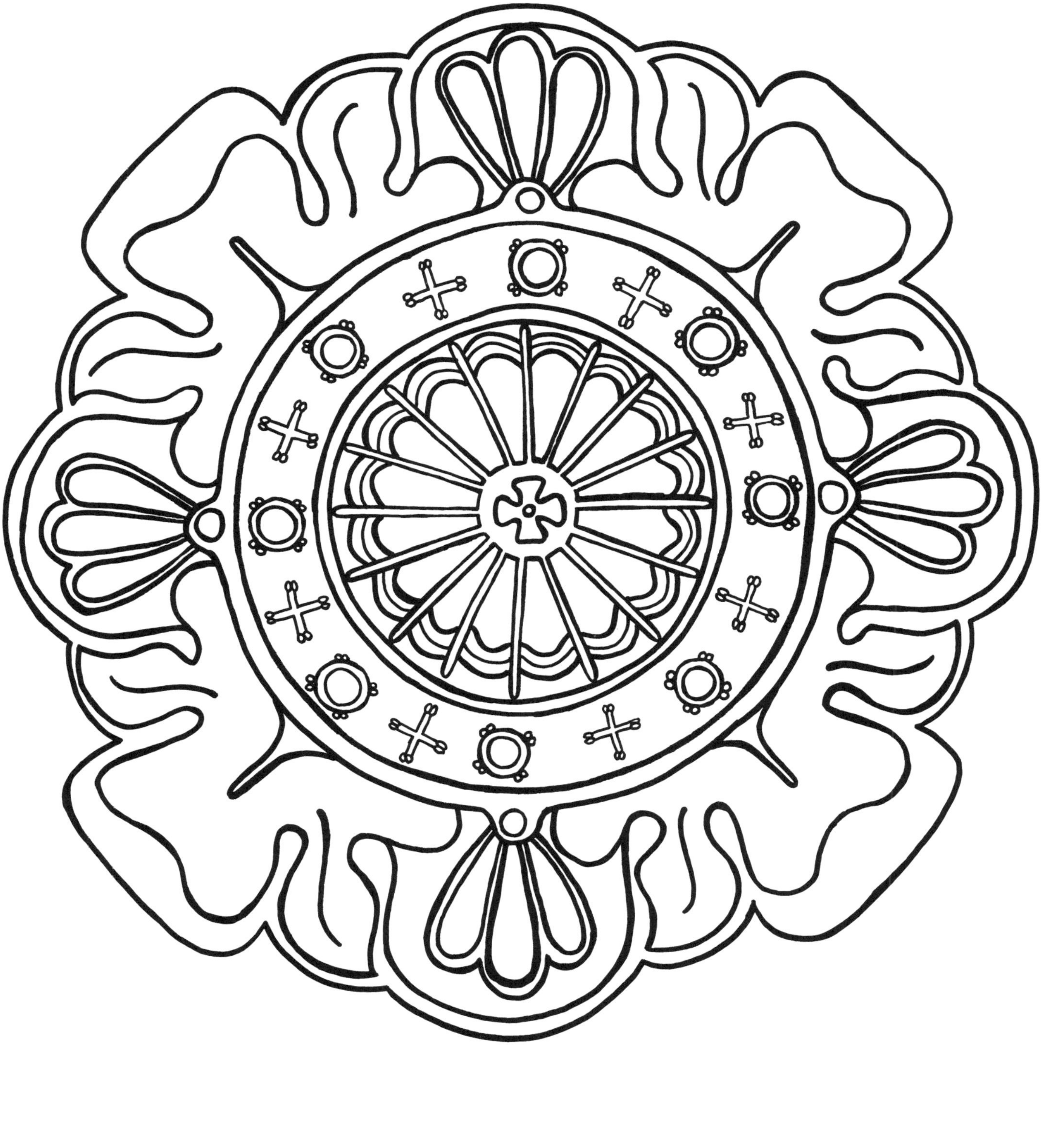

Die Sheshamtür

Erst als ich die Mandalas zu malen anfing, sah ich, dass alles, alle Wege, die ich ging, und alle Schritte, die ich tat, wieder zu einem Punkte zurückführten, nämlich zur Mitte. Es wurde mir immer deutlicher: das Mandala ist das Zentrum. Es ist der Ausdruck für alle Wege. Es ist der Weg zur Mitte, zur Individuation.

C. G. Jung

Sesam, öffne dich! Vielleicht erinnern Sie sich an diese geheimnisvoll klingenden Zauberworte aus dem Märchen »Simeliberg« der Gebrüder Grimm? Ein armer Mann beobachtet, wie Räuber mit diesen Worten einen »Berg öffnen«. Als die Räuber weg sind, ruft er selbst den Zauberspruch und findet im Berg ihre dort versteckten Schätze und seine Not hat ein Ende.

Der seltsame Name »Sesam« ist ein Hinweis darauf, dass dieses Märchen ursprünglich zu der orientalischen Geschichtensammlung »Tausendundeine Nacht« gehört und eine europäische Variante von »Ali Baba und die vierzig Räuber« darstellt. Eigentlich heißt es »Shesham« und ist der Name eines besonders harten, druckfesten, witterungsbeständigen und dauerhaften Holzes. Weil das Sheshamholz angenehm duftet, wird es auch Indisches Rosenholz genannt.

Sheshamholz arbeitet wenig und eignet sich hervorragend für feste Türen, die »ewig« halten sollen. Die Räuber im Märchen hatten also ihre Schätze besonders sicher untergebracht.

Mit jedem Mandala, das Sie ausmalen, haben Sie die Möglichkeit, ein »Sesam, öffne dich!« in Ihr Inneres zu rufen. Vertrauen Sie darauf, dass sich die Schatzkammer Ihrer Seele gerne öffnet und Sie Ihrer eigenen Mitte, Ihrem größten Reichtum, dabei näher kommen.

Traditionelle Bemalung auf einer orientalischen Tür aus Sheshamholz, Rajasthan, Indien, 19. Jahrhundert ▶

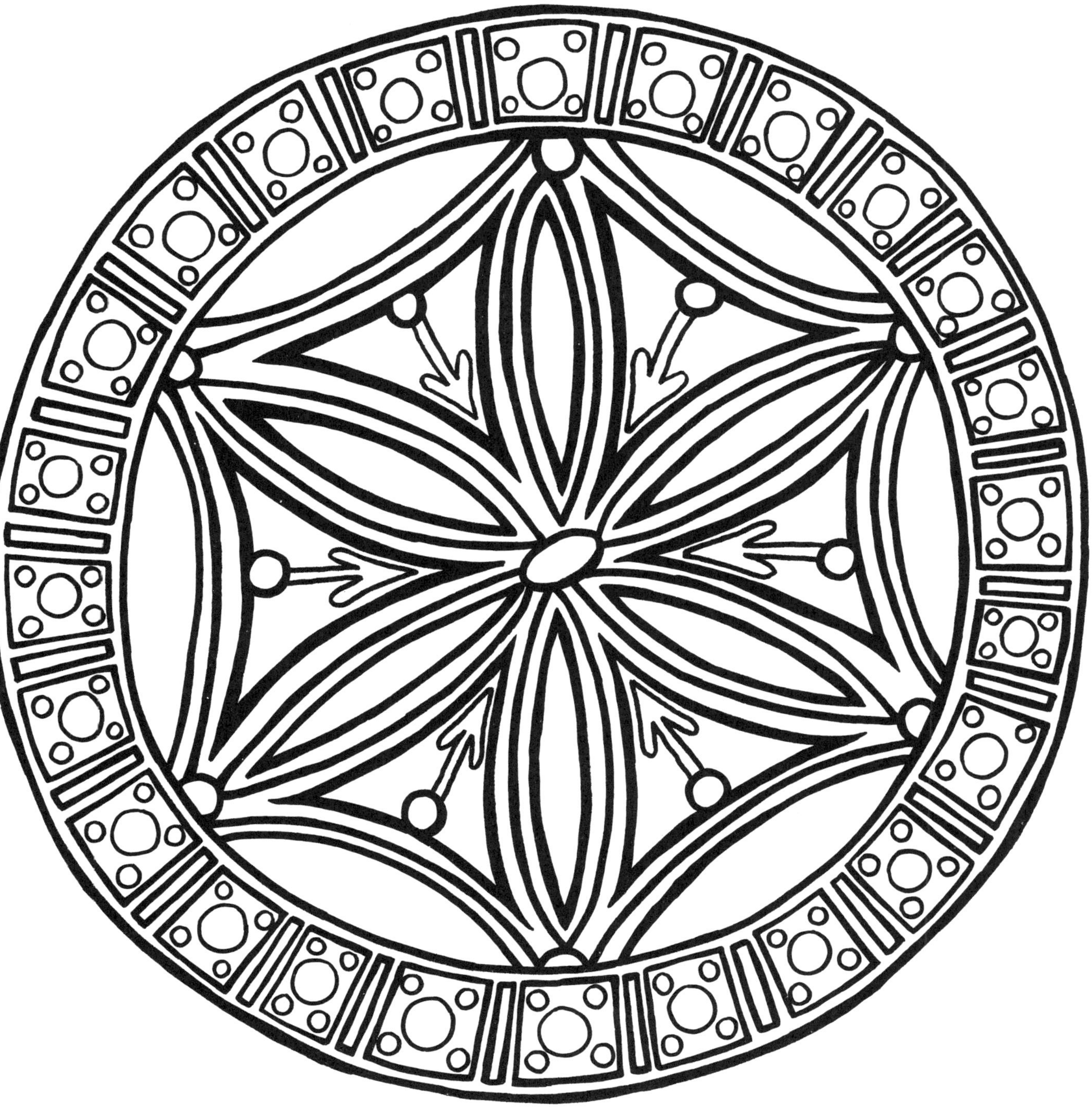

Die Schneeflocke

Etwas Göttliches muss sich in ihnen geregt haben, bevor die Kristalle so wuchsen und erstarrten ...
Dasselbe Gesetz, das dem Erdenstern Form gibt, formt auch den Schneestern.

Henry David Thoreau

Der Schönheit von frisch gefallenem Schnee kann sich kaum einer entziehen. Die sanfte, weiße Pracht sorgt jedes Jahr für zauberhaft stille Momente. Dabei sind die einzelnen Schneeflocken eigentlich gar nicht weiß, sondern durchsichtig. Weil aber unzählige Eiskristalle gemeinsam eine Art Deckschicht aus Millionen Prismen bilden und dabei das Licht immer wieder komplett zurückwerfen können, nimmt das menschliche Auge Schnee als weiß wahr. Alle Schneeflocken sind außerdem ihrer Grundstruktur nach symmetrische Kristalle und darum ausnahmslos sechseckig. Trotzdem gleicht keine Schneeflocke der anderen. »In der Weltgeschichte der Schneeflocke fällt keine Form zweimal vom Himmel« sagen die Klimaforscher. Schneeflocken sind winzige Wundersterne, die uns an die unverwechselbare Einmaligkeit aller natürlichen Dinge erinnern. Ihre Eiskristalle sind anfangs nur einen Zehntel Millimeter groß und setzen sich aus immer wieder neuen Kombinationen von winzigen Formen zusammen, die Plättchen, Säulen, Nadelspitzen oder Bäumchen gleichen. Bei einer Lufttemperatur nahe dem Gefrierpunkt tauen die einzelnen Kristalle leicht an und werden durch die austretenden Wassertröpfchen aneinandergeklebt: Ein neuer Schneestern ist geboren und segelt als weiße Flocke zur Erde hinunter. In Japan ist man sich übrigens sicher, dass sie immer den Ort ihrer Bestimmung findet, denn »eine Schneeflocke fällt niemals auf den falschen Platz« (Yuki Bessho ni Ochizu).

Vergrößerung einer Schneeflocke, nach einer Mikroskopaufnahme für dieses Buch gezeichnet, 21. Jahrhundert ▶

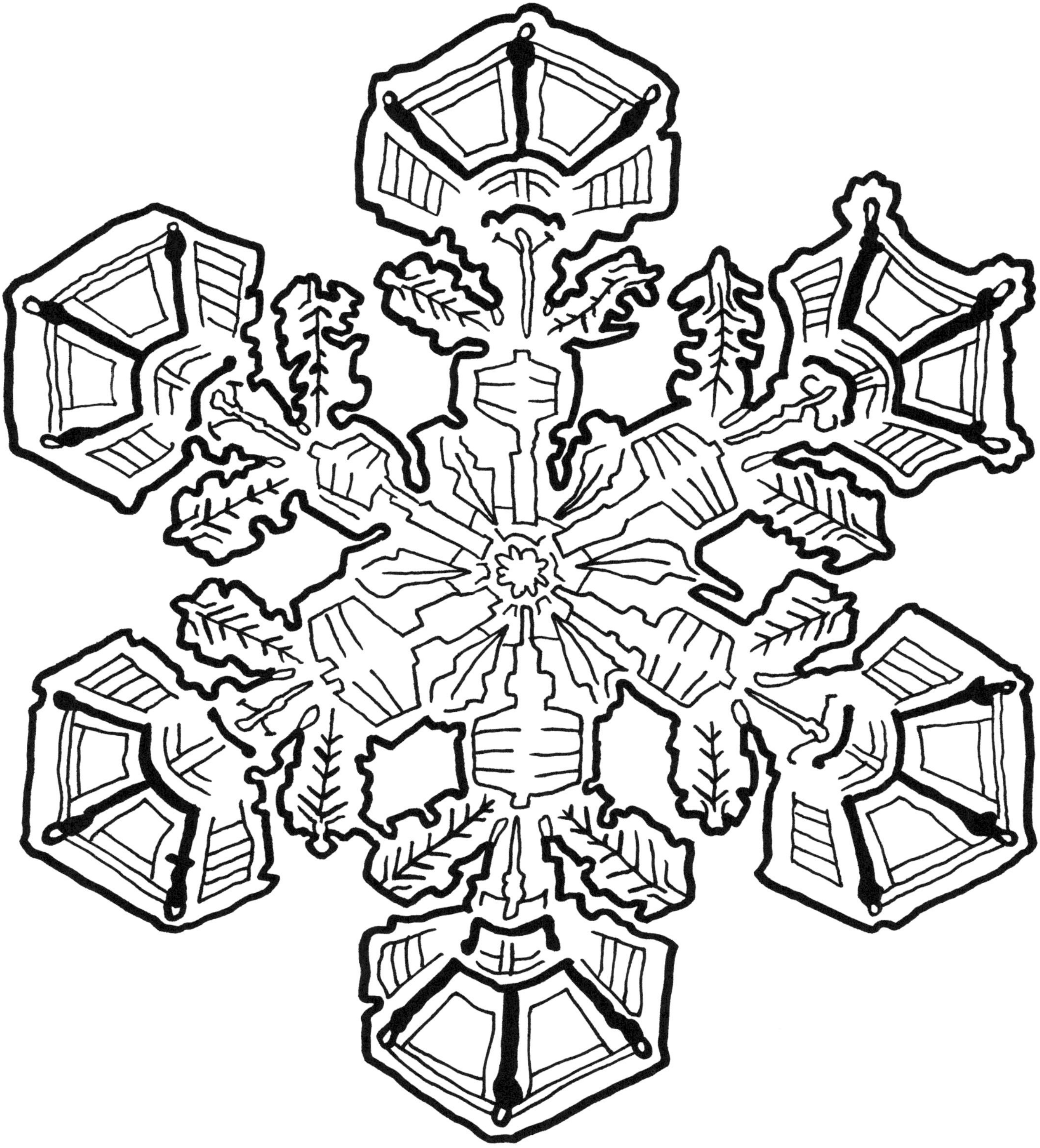

Die Fibel des Langobarden

Wie eifrig strebend, aber nie gestillt,
der Geometer forscht, den Kreis zu messen,
und nie den Grundsatz findet, welcher gilt;
So ich beim neuen Schaun – ich wollt' ermessen,
wie sich das Bild zum Kreis verhielt', und wie
die Züge mit dem Licht zusammenflössen.

Dante, Göttliche Komödie

Auf dieser langobardischen Goldscheibenfibel sitzen verschiedenfarbige Glassteine in runden und quadratischen Kastenfassungen. Ihren strahlenden Effekt verdanken diese fast flachen Steine einem Kunstgriff der Goldschmiede. Diese waren auf die geniale Idee gekommen, den Boden einer Fibel aus leicht schraffiertem Goldblech zu arbeiten. Dadurch entstanden weit mehr Lichtreflexe und der Glanz der Steine konnte sich gegenüber einer völlig glatten Oberfläche um ein Vielfaches erhöhen. Genauso kann sich der Glanz unserer eigenen Seele mit den Jahren erhöht haben. Alle unsere Erfahrungen mit Leben, mit Lebendigem haben feine Linien in die ehemals glatte Oberfläche unseres Herzens gegraben. Mag sein, dass dieser Prozess schmerzlich war – ganz sicher hatte er aber ein gutes Ziel: Die Reflexionsfähigkeit der Seele wurde erhöht. Sie spiegelt immer mehr Leben wider. Unserem äußeren Erscheinungsbild mag man es nicht gleich ansehen, aber innerlich sind wir so in unserem ganzen Sein durchscheinender geworden für die geheimnisvolle Kraft, die all das bewirkt.
Beim Gestalten dieses Mandalas lässt sich dankbar und staunend ermessen, wie harmonisch unsere Züge mit dem göttlichen Licht zusammenfließen können.

Goldscheibenfibel aus einem langobardischen Grab bei Castel Trosino, Italien, 7. Jahrhundert ▶

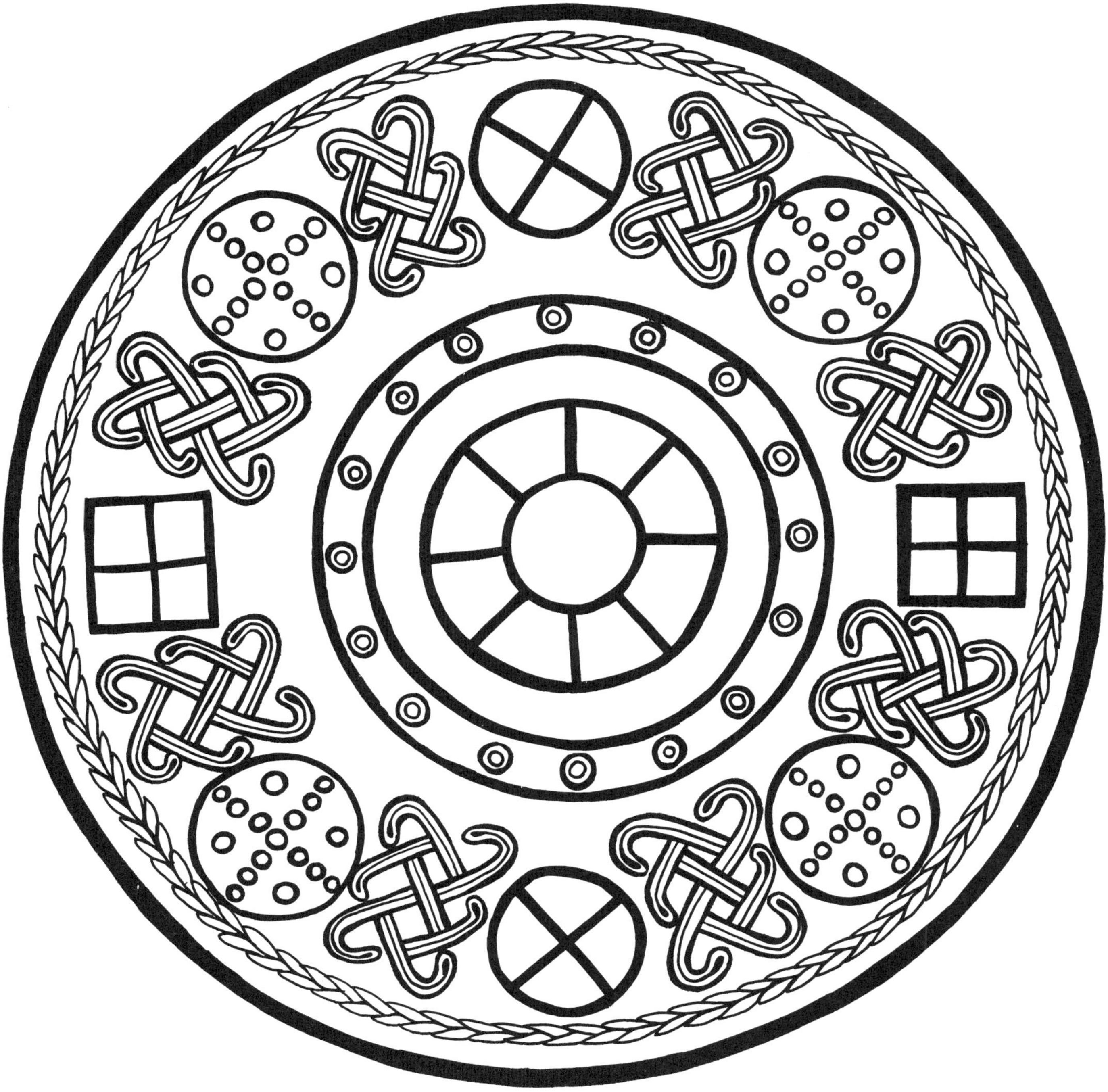

Der Hof der Inderin

Du bist der Himmel und Du bist das Nest.
Herrlicher Du, im Nest ist Deine Liebe.
Sie umschließt mit Farben, Tönen, Wohlgerüchen
meine Seele.
Da kommt die Morgenfrühe, den goldnen Korb in ihrer Rechten,
und trägt den Kranz der Schönheit, um schweigend ihn als Krone
der Erde aufzusetzen.
Da kommt die Abendstunde über Wiesen, die einsam,
von Herden schon verlassen sind; pfadlos kommt sie,
bringt im goldnen Krug das kühle Nass des Friedens her
vom Westmeer der Ruhe.
Doch dort, wo unendlich sich breitender Himmel
die Seele zum Fluge verlockt, herrscht weißer Strahlenglanz
des Makellosen.
Dort ist nicht Tag noch Nacht, nicht Form noch Farbe,
und nie auch nur ein Wort.

Rabindranath Tagore

Mauern und Innenhöfe werden in Rajasthan nur von Frauen mit dekorativen Elementen geschmückt und bemalt. Als Motive wählen sie entweder Personen und Tiere oder filigrane Ornamente wie bei der hier abgebildeten Hofmalerei aus Jodhpur, der »Stadt des Lichts« oder, wegen der blau leuchtenden Hauswände, auch »blaue Stadt« genannt. Wählen Sie aus Ihrer Stiftesammlung das Blau, das Ihnen am besten gefällt.

Mandala, gezeichnet nach der Luftaufnahme eines bemalten Innenhofs in Jodhpur, Rajasthan, Indien, 20. Jahrhundert. ▶

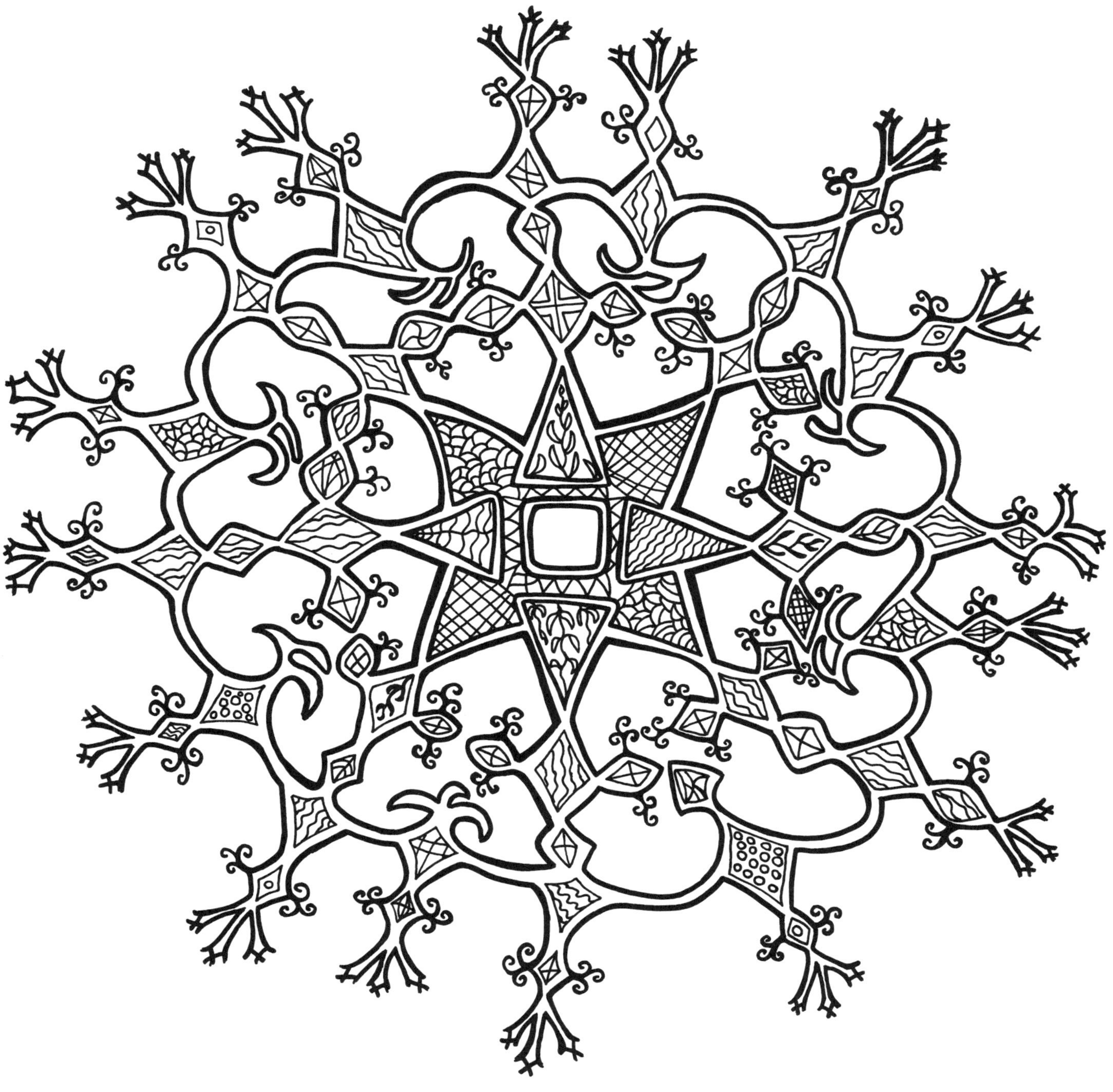

Der türkische Teppich

Man hätte sich gern auf den Rasen, am Abhange des Hügels, der ausgespannten Landschaft gegenüber gelagert, hätte man die Feuchtigkeit der Erde nicht gescheut. Es wäre göttlich, meinte wer aus der Gesellschaft, wenn man türkische Teppiche hätte, sie hier auszubreiten.
Der Wunsch war nicht sobald ausgesprochen, als schon der Mann im grauen Rock die Hand in der Tasche hatte, und mit bescheidener, ja demütiger Gebärde einen reichen, golddurchwirkten türkischen Teppich daraus zu ziehen bemüht war. Bediente nahmen ihn in Empfang, als müsse es so sein, und entfalteten ihn am begehrten Orte.
Die Gesellschaft nahm ohne Umstände Platz darauf; ich wiederum sah betroffen den Mann, die Tasche, den Teppich an, der über zwanzig Schritte in der Länge und zehn in der Breite maß, und rieb mir die Augen, nicht wissend, was ich dazu denken sollte, besonders da niemand etwas Merkwürdiges darin fand.

Adelbert von Chamisso, Peter Schlemihls wundersame Geschichte

»Es war einmal in der Zeit, als das Wünschen noch geholfen hat …« – so fangen manche wundersamen Geschichten an und vermitteln mit Hilfe phantastischer Bilder seltsam tiefe Einsichten ins reale Leben.
Dieses türkische Mandala geht ähnliche Wege. Sein achteckiger Stern in der Mandorla bildete ursprünglich das Zentrum eines üppig dekorierten Teppichs und war von Tulpen und Blüten umgeben. Den »fliegenden Teppich« können Sie aus ganz unterschiedlichen Motivationen besteigen: zum einen, wenn Sie Ihrem Gefühl für Wunderbares in Ihrem Leben mehr Raum geben möchten. Zum anderen bietet Ihnen das Verweilen bei diesem Mandala die Gelegenheit, »auf dem Teppich zu bleiben« und eine gute Balance zwischen Ihrer Gefühlswelt und der Wirklichkeit zu finden.

Mittelmotiv eines orientalischen Teppichs, Türkei, 18. Jahrhundert ▶

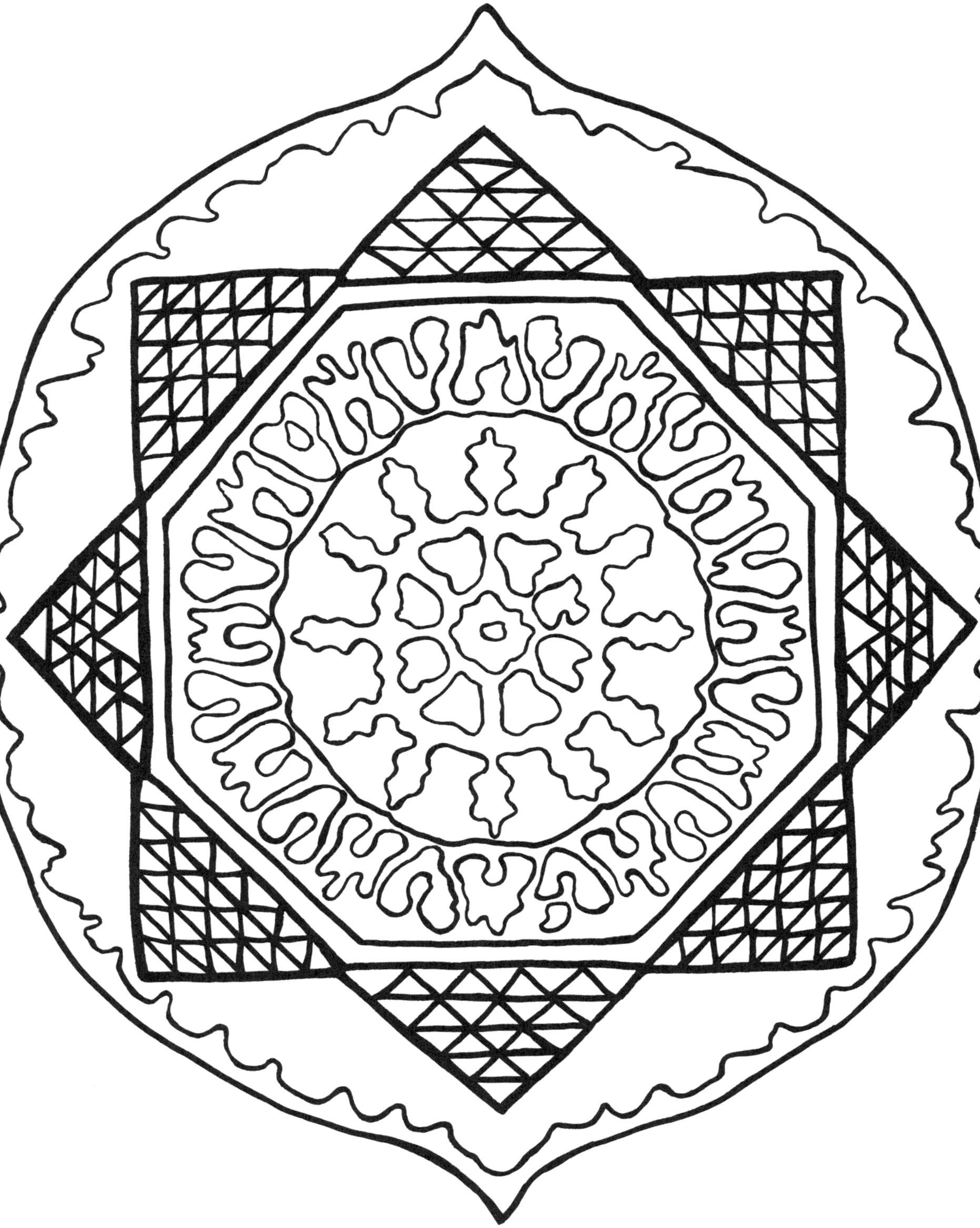

Feuer und Wasser

Gottes Gegenwart ist unmittelbar hier vor mir –
linker Hand ein Feuer,
rechter Hand ein herrlicher Strom.
Eine Schar schreitet zum Feuer, ins Feuer,
eine zweite hin zum köstlichen, fließenden Wasser.
Keiner weiß, wer von den Beteiligten selig ist und wer nicht.
Jeder, der ins Feuer schreitet, erscheint unvermutet im Strom.
Der Kopf, der hüben unter Wasser sinkt, ragt drüben
heraus aus dem Feuer ...
Die Stimme des Feuers spricht die Wahrheit, wenn sie sagt:
Ich bin nicht Feuer. Ich bin Quelle.
Steigt in mich hinein und achtet nicht auf die Funken.
Wenn du ein Freund Gottes bist, ist Feuer dein Wasser.

Dschelaleddin Rumi

Der deutsche Jesuit Athanasius Kircher (1602–1680) gilt als der erste Universalgelehrte mit weltweiter Reputation. Er erforschte die Krater der Vulkane Ätna und Vesuv, zwischen denen er eine unterirdische Verbindung vermutete. Kircher deutete Vulkane als Sicherheitsventile des unterirdischen Feuerherdes als Herz der Erde. Neben dem Zentralfeuer postulierte er unterirdische Reservoirs für Meerwasser, das von da aus zu den Gebirgen fließen und als Flusswasser wieder zurück in die Ozeane strömen kann. Seine Forschungen brachten ihn zu dem Schluss, die Erde als ein lebendiges Wesen mit eigenem Organismus zu verstehen.

Zeichnung nach einem barocken Stich aus Athanasius Kircher, Mundus subterraneus, quo universae denique naturae divitiae, Amsterdam, publiziert 1664–1678 ▶

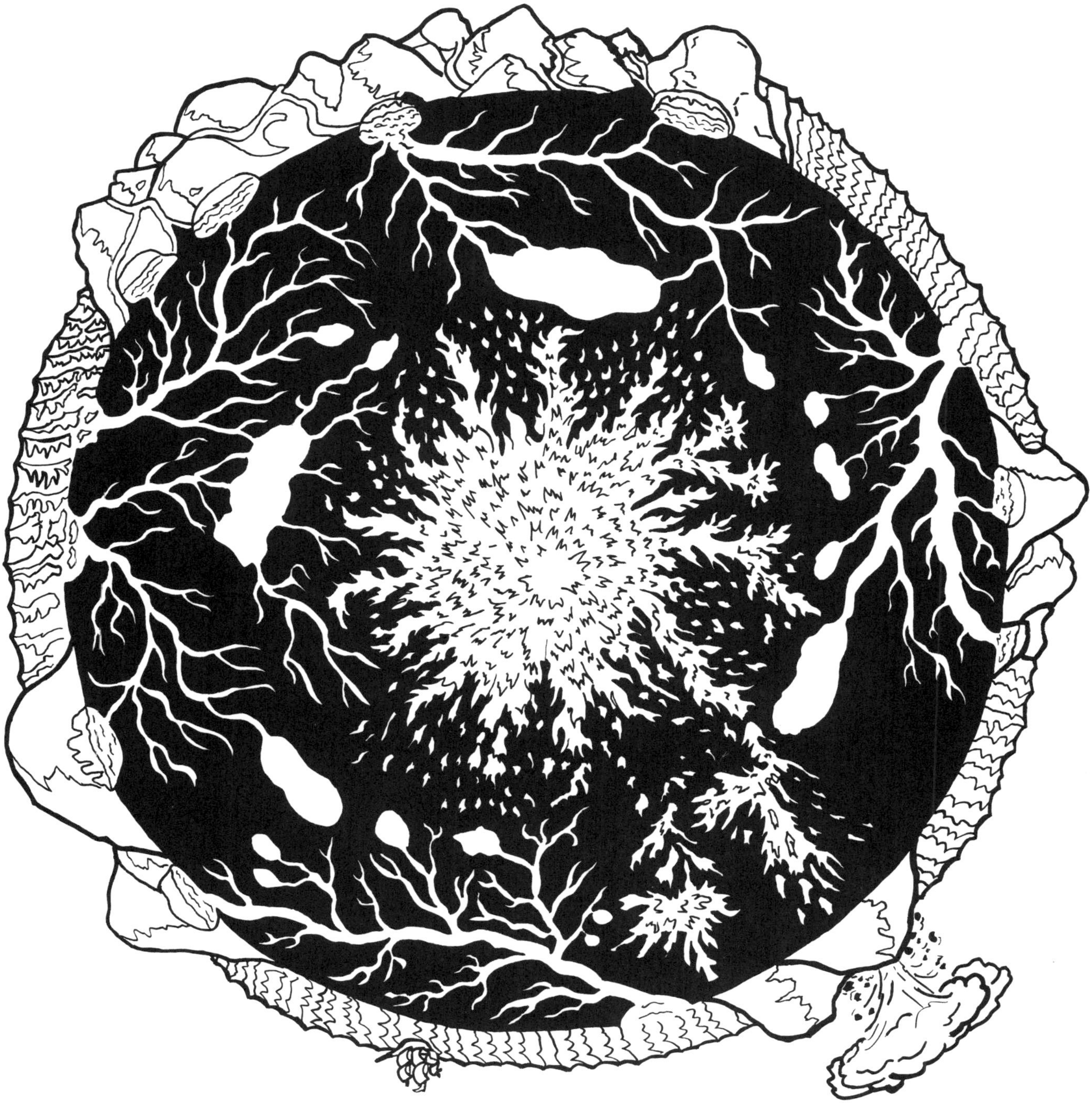

Der geduldige Fußboden

Wir warten auf die große Passion. Wir warten, aber sie kommt nicht. Was kommt, sind die kleinen Geduldsproben. Diese Übungen der Geduld, diese kleinen Partikel der Passion (...) Wir aber lassen sie verächtlich vorüberziehen und warten auf eine Gelegenheit, unser Leben hinzugeben, eine Gelegenheit, die es wirklich wert wäre.
Denn wir haben vergessen, (...) dass es aber auch Bretter gibt, die unter unseren Schritten ganz allmählich abgetreten werden und die schließlich zu Sägemehl werden. Denn wir haben auch vergessen, dass es zwar Wollfäden gibt, die mit der Schere sauber abgeschnitten werden – dass es aber auch Fäden in einer Strickweste gibt, die täglich dünner werden am Körper dessen, der sie trägt.
So sieht das Opfer aus, das wir zu bringen haben: die kleinen Übungen der Geduld.

Madeleine Delbrêl

Geduld ist bekanntlich eine Tugend, die viel Geduld erfordert. Geduld gehört, bewusst und recht geübt, zu den anspruchsvolleren Leistungen des menschlichen Geistes. Sorgfalt, Sanftmut, Güte und Gelassenheit sind die wundervollen Früchte eines Menschenherzens, das gelernt hat, mit seiner eigenen Ungeduld geduldig zu sein. Wache Geduld ist die Hüterin allen Wachstums und nimmt so manchen einzelnen Augenblick wahr, über den die Ungeduld unachtsam hinweghuscht. Wer Geduld hat, hat Zeit. Er entwickelt einen Blick für die großen, langfristigen Prozesse und Veränderungen, die bisweilen ganz schlicht in aller Stille beginnen. Nehmen Sie sich also Zeit für das Mandala vom »geduldigen Fußboden«. Es zeigt, dass sich die »kleinen Übungen der Geduld« zu einem harmonischen Ganzen fügen können.

Achteckiges, leicht sternförmiges Parkettbodenmuster, Entwurf für eine Bodenintarsie, 21. Jahrhundert, Deutschland ▶

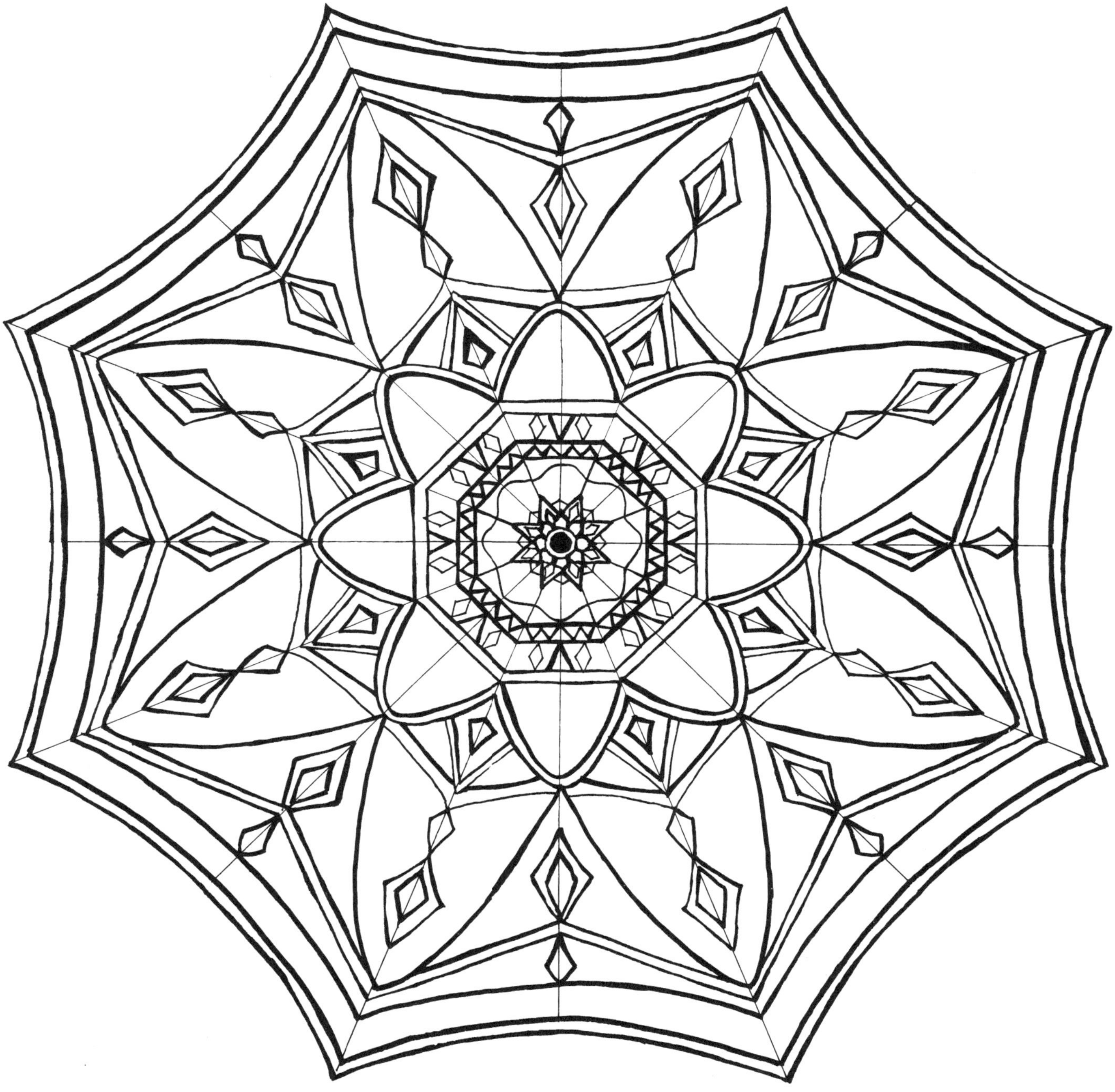

Die Fenster des dunklen Glaubens

Unter den Leiden, die uns von Gott scheiden wollen wie eine Wand, ja eine Mauer, steht er verborgen und sieht doch auf mich und lässt mich nicht. Denn er steht und ist bereit zu helfen in Gnaden und durch die Fenster des dunklen Glaubens lässt er sich sehen.

Martin Luther

Es gibt Zeiten im Leben, wo die Dunkelheit überwiegt. Zweifel, Vertrauensverlust, Schmerz, Kummer, Leid, Einsamkeit, Trennung oder Tod überschatten alles und tauchen die lichtbedürftige Seele in Finsternis. Sie vermisst das Helle, Wahre, Gute und Schöne, das sie als ihre Heimat liebt, und wird sich damit selbst fremd. Nicht selten ist ein solcher Selbstverlust mit dem schmerzlichen Gefühl einer unerklärlichen Gottesferne verbunden. Gerade jetzt, wo man seine Hilfe brauchen würde, ist Gott nicht zu sehen.

Erfahrungen wie diese gehören zur »via negativa«, dem schwierigen »Weg der Verneinung«. Alle großen Mystiker kennen diesen Pfad als »dunkle Nacht der Seele« und als Zwischenstation auf dem Weg zu ureigenen Erfahrungen göttlicher Gnade. Gerade ihnen darf man vertrauen, wenn man nach Hilfe sucht, um die »dunkle Zeit« zu bestehen. Ihr Rat lautet: Nimm deine Armut wahr. Lass los, was dich bindet. Nimm an, was dir an Leid zugeteilt ist – es sorgt für Tiefe und lehrt dich Mitgefühl. Höre auf Menschen, die diesen Weg vor dir gegangen und mit friedlichem Sinn daraus hervorgegangen sind. Verletze nicht die, die dir zugetan sind, mit Vorwürfen, Rückzug oder Bitternis. Bitte sie und dich selbst um Geduld, seelischer Wandel braucht Zeit. Bete um ein reines und verständiges Herz. Lebe mit dieser Sehnsucht auf Gott zu, du wirst ihn schauen.

Rosenfenster der Westfassade von St. Lorenz in Nürnberg, Deutschland, um 1360 ▶

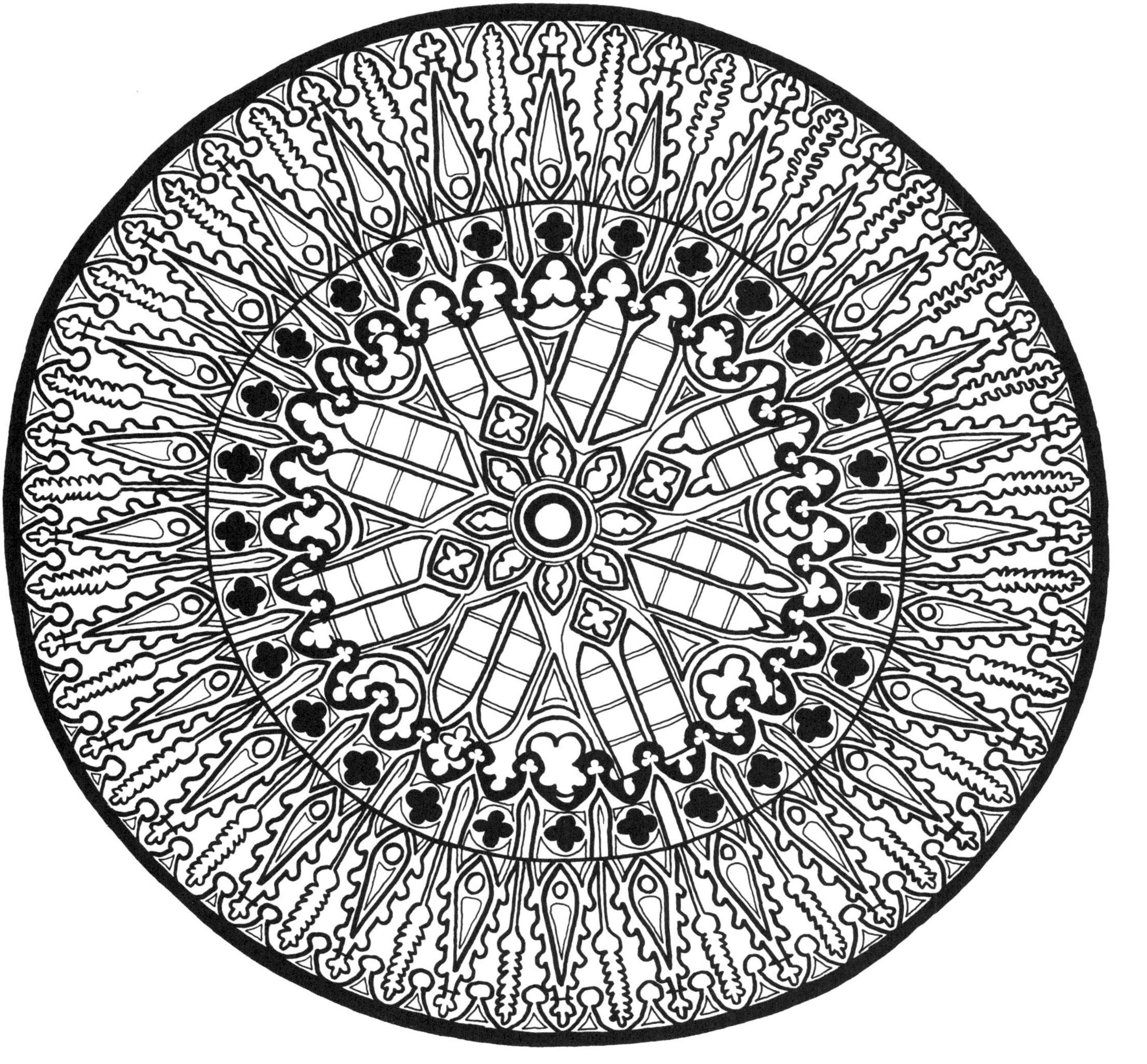

Am Ohr der Weisheit

Wahrlich, jeder ist ein Schatten von Gott,
dem Geliebten,
denn unser Suchen ist auch Seines
und unsere Worte sind die Seinen.
Er haucht Seinen Atem in mein Ohr,
bis die Seele Seinen Duft erfasst.
Er ist die Seele meiner Seele –
wie soll ich entfliehen?

Dschelaleddin Rumi

Dieses 2500 Jahre alte Mandala hat im Original nur einen Durchmesser von sechs Zentimetern. Es ist ein Ohrring und der oben ausgesparte Sektor trug die Scharniere für die Befestigung am Ohr. Die Edelsteineinlagen des Ohrrings waren in Türkis, Karneol und Lapislazuli gehalten.
Im Zentralkreis sieht man den Oberkörper eines doppelflügeligen »Ahura Mazda«. Dies bedeutet persisch »der allweise Herr« und bezeichnet den aus dem reinsten Licht entstandenen Urheber aller Dinge. Als Schöpfer der Gegensätze hält er Hell und Dunkel zusammen. Flankiert wird er auf beiden Seiten von je drei kleinen Scheiben mit der gleichen Figur auf Halbmonden, die vielleicht diese Gegensatzthematik symbolisieren. Die siebte Scheibe ganz unten zeigt eine stilisierte Lotusblüte. Für die alten Perser war »Ahura Mazda« aber vor allem der allwissende Geist, der heilige Freund und Beschützer und als Gott der Fruchtbarkeit und Weisheit auch die Quelle der guten Gedanken und Sprüche zur Abwehr des Negativen.

Goldener Ohrring in Cloisonné-Technik, Schmuck aus der Zeit des achamänidischen Weltreichs, Iran, spätes 5. Jahrhundert vor Christus ▶

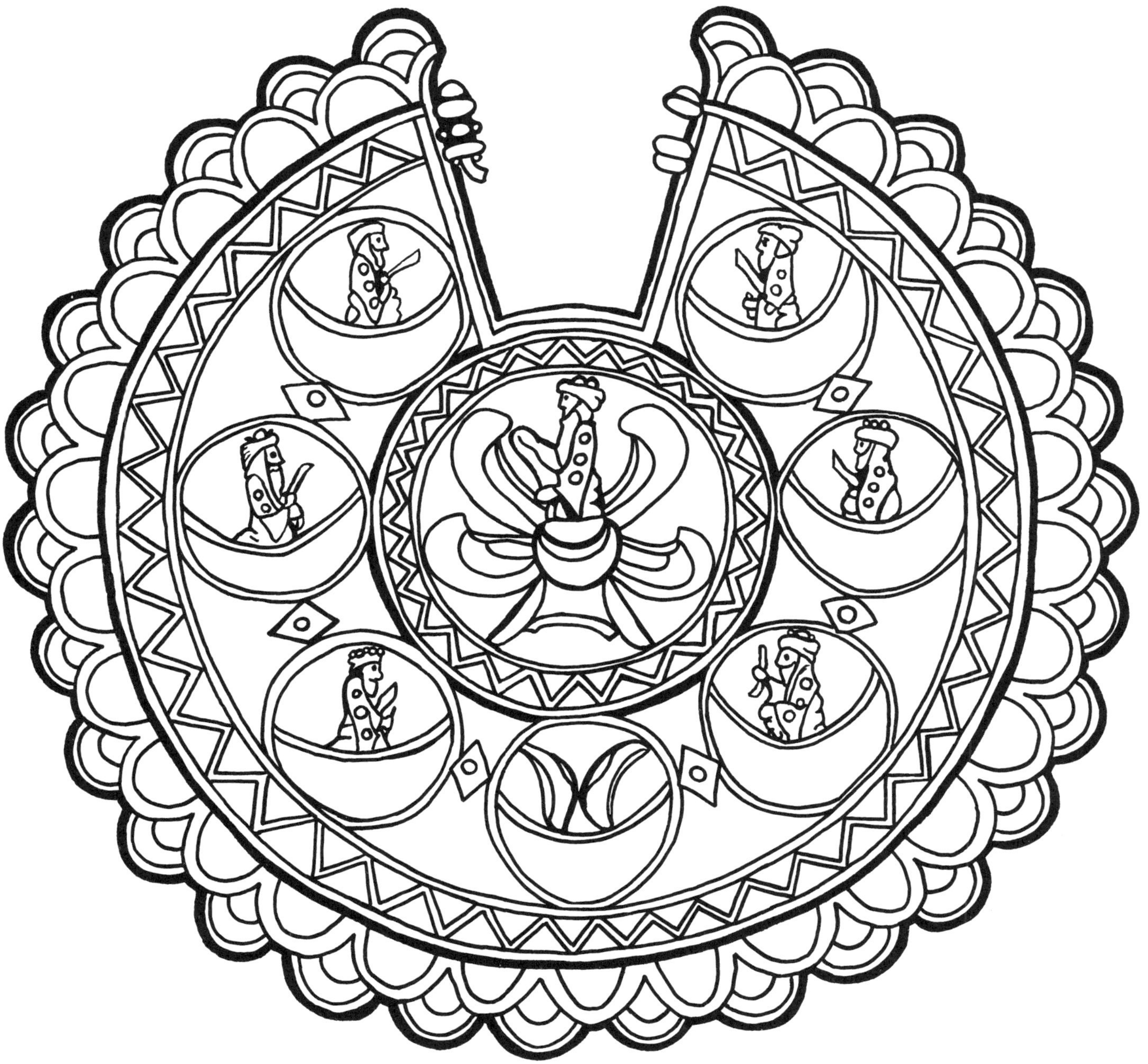

Die leuchtende Spur

Ein guter, edler Mensch, der mit uns gelebt hat,
kann uns nicht genommen werden.
Er lässt eine leuchtende Spur zurück
gleich jenen erloschenen Sternen,
deren Bild noch nach Jahrhunderten
die Erdenbewohner sehen.

Thomas Carlyle

Seit dem frühen 7. Jahrhundert erschienen die ersten keltischen Knotenmuster in Irland, Schottland und Südengland und irische Mönche verbreiteten diese ornamentale Kunst bei ihren Missionsreisen. Es wird vermutet, dass der eigentliche Ursprung der keltischen Knotenmuster in Ägypten liegt, wo sich bereits 200 Jahre früher in der Kunst koptischer Christen zahlreiche Parallelen finden.
Die komplexen Knotenbilder der Kelten sind ideale Meditationsvorlagen für eine biografische Spurensuche: Beim Ausgestalten kann man über die eigenen, vielleicht ebenso verschlungenen Lebenspfade nachdenken, die doch immer einen großen Zusammenhang bilden. Vielleicht erkennen Sie den »roten Faden« in Ihrem Leben? Sie können diesen Knoten aber auch verwenden, um die vielfarbigen Beziehungsgeflechte besser zu verstehen, in die Sie selbst eingebunden sind. Dabei werden Sie nicht nur auf Verstrickungen stoßen, aus denen Sie sich lösen wollen oder bereits zu Recht gelöst haben. Es dürfte auch eine Spur zu dem Beziehungsnetz sichtbar werden, das Sie trägt und nährt. Zu leuchten beginnt diese Spur, wenn Sie sich bewusst werden, dass alles mit allem verknüpft ist, genau wie in diesem Mandala.

Ringförmiges Endstück einer keltischen Brosche, Metallgravur, 8. Jahrhundert.
Die Brosche war Teil eines Schatzes, der erst 1868 wiederentdeckt wurde,
und befindet sich heute im Royal Museum of Scotland, Edinborough, Großbritannien ▶

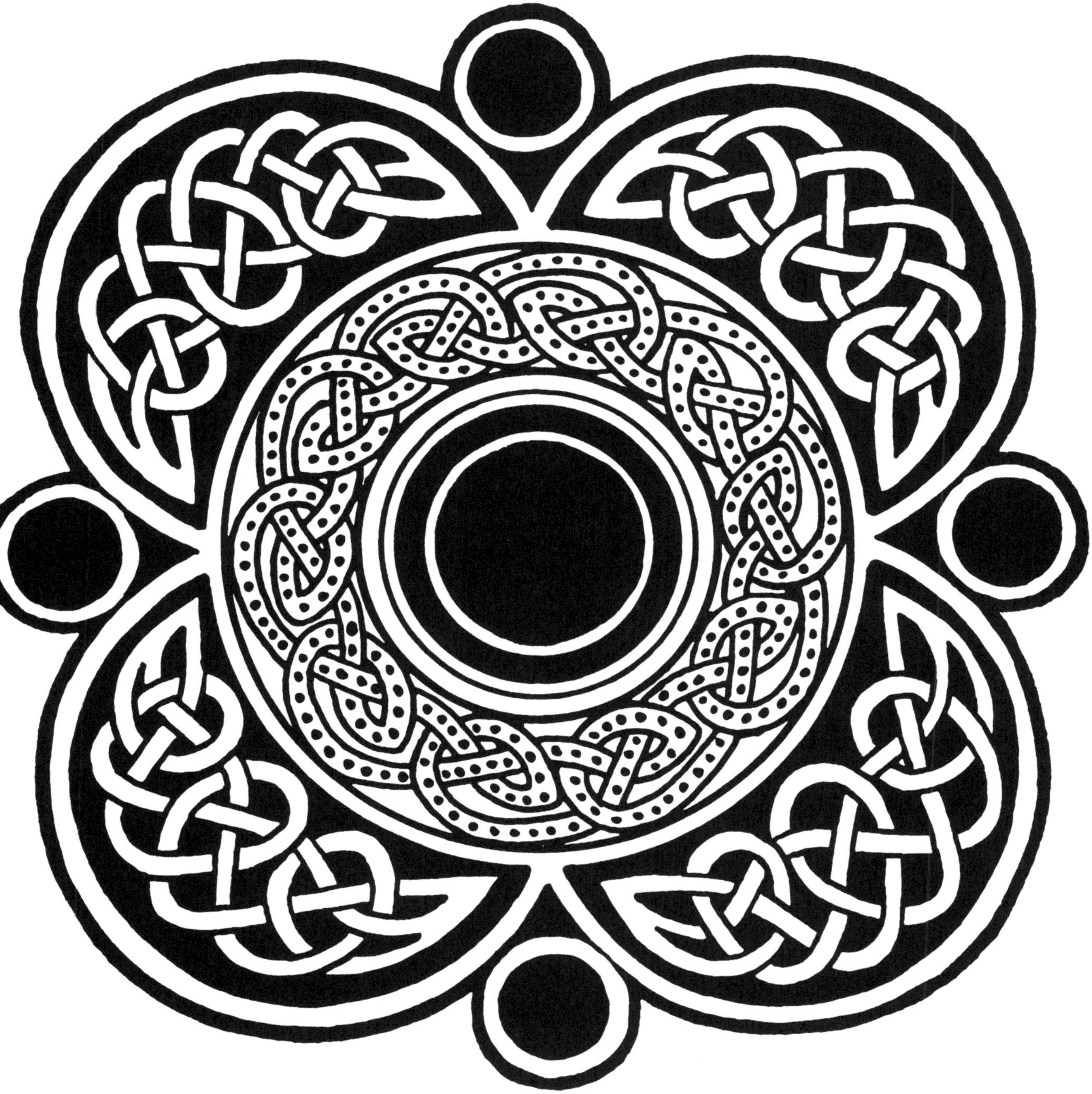

Die Ruhe der Mönche

Der ruhende Gott gibt allem Ruhe.
Wer sich in Gottes Ruhe hinablässt, ruht.

Bernhard von Clairvaux

Ein Grundbedürfnis des Menschen aller Zeiten ist es, äußerlich wie innerlich zur Ruhe kommen zu können. Moderne Gesellschaften kennen aber fast nur noch die heilsame Unterbrechung der Arbeit durch den Feierabend, einen freien Tag oder Urlaub. Dabei empfehlen die verschiedensten spirituellen Traditionen wesentlich häufigere Auszeiten, die in kleinen Portionen über den Tag verteilt immer wieder intensive Erfahrungen der Ruhe vermitteln. Moslems pflegen sich fünfmal am Tag zum Gebet niederzuwerfen. Christliche Mönche treffen sich zu täglich sieben Gebetszeiten rund um die Uhr. Wenn die Glocke zum Gebet ruft, wird alles, was eben noch wichtig war und erledigt werden musste, in die Schranken gewiesen: Die Hinwendung zu Gott relativiert die eigene Leistung, sorgt für Abstand und innere Ruhe. Dass diese Praxis bis zu tiefen mystischen Erfahrungen eines »Ruhen in Gott« führte, schildern Mystiker wie der Zisterzienserabt Bernhard von Clairvaux in ihren Texten immer wieder in leuchtenden Farben.
Gestalten Sie doch einmal ein Wochenende oder zwei Urlaubstage hintereinander mit ganz präzise festgelegten »Minuten der Stille«. Wenn Sie sich dann noch dazwischen Zeit fürs Mandalamalen nehmen, werden Sie spüren, wie viel heilsame Ruhe in Sie einziehen kann.

Geschnitzte Rosette an den Baldachinen eines Mönchsgestühls,
gotische Maßwerkarbeit aus Eichenholz im »weichen Stil«,
Zisterzienserabtei Bad Doberaner Münster, Mecklenburg-Vorpommern, Deutschland, um 1380 ▶

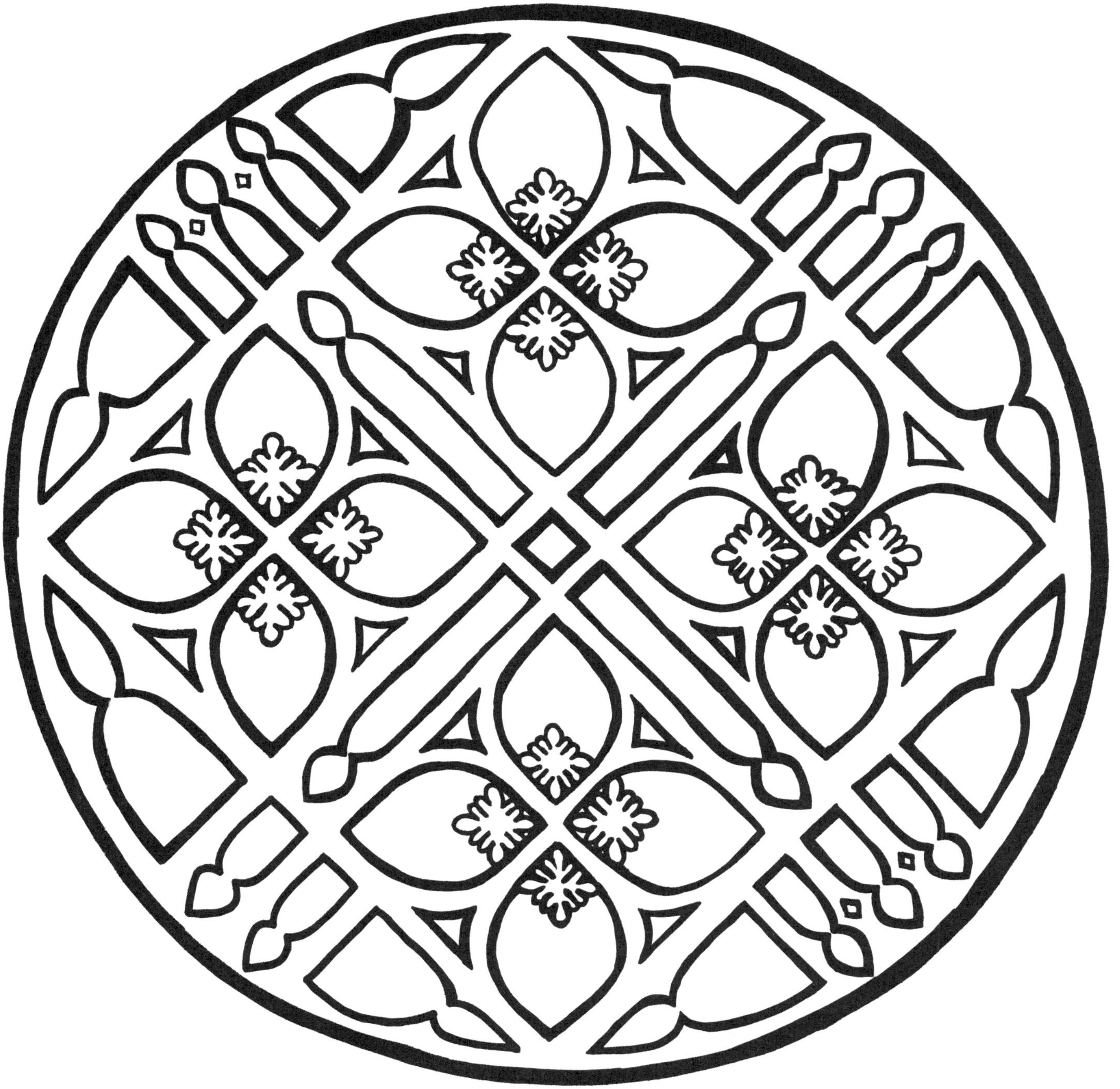

Das Ginkgoblatt

Dieses Baumes Blatt, der von Osten
meinem Garten anvertraut,
gibt geheimen Sinn zu kosten,
wie's den Wissenden erbaut.
Ist es ein lebendig Wesen,
das sich in sich selbst getrennt?
Sind es zwei, die sich erlesen,
dass man sie als eines kennt?
Solche Frage zu erwidern,
fand ich wohl den rechten Sinn;
Fühlst du nicht an meinen Liedern,
dass ich eins und doppelt bin?

Johann Wolfgang von Goethe

Ginkgobäume wachsen seit etwa 250 Millionen Jahren auf der Erde. Der älteste Ginkgo steht in China und ist etwa 1250 Jahre alt. Das älteste europäische Exemplar in Utrecht ist dagegen »nur« rund 265 Jahre alt. In China und Japan gilt der robuste Baum als heilig und wird von den Buddhisten wegen seiner Schönheit, seiner Heilkräfte und seiner Widerstandsfähigkeit verehrt. Die »Silberaprikose«, wie der Baum in China heißt, tritt zweihäusig als männlicher und weiblicher Baum auf. Auch seine hellgrünen Blätter sind zweigeteilt. So wurde der Gingko zum idealen Symbol für die untrennbare Verbindung von männlichem und weiblichem Prinzip, das in der chinesischen Philosophie mit Yin und Yang beschrieben wird. Mit diesem Mandala können Sie für einen harmonischen Ausgleich Ihrer inneren weiblichen und männlichen Kräfte sorgen.

Mon mit stilisiertem Gingkoblatt im Kreis, japanisches Familienwappen auf Stoff, ursprüngliche Farbgebung klassisch Schwarz und Weiß, vermutlich Meiji-Zeit ▶

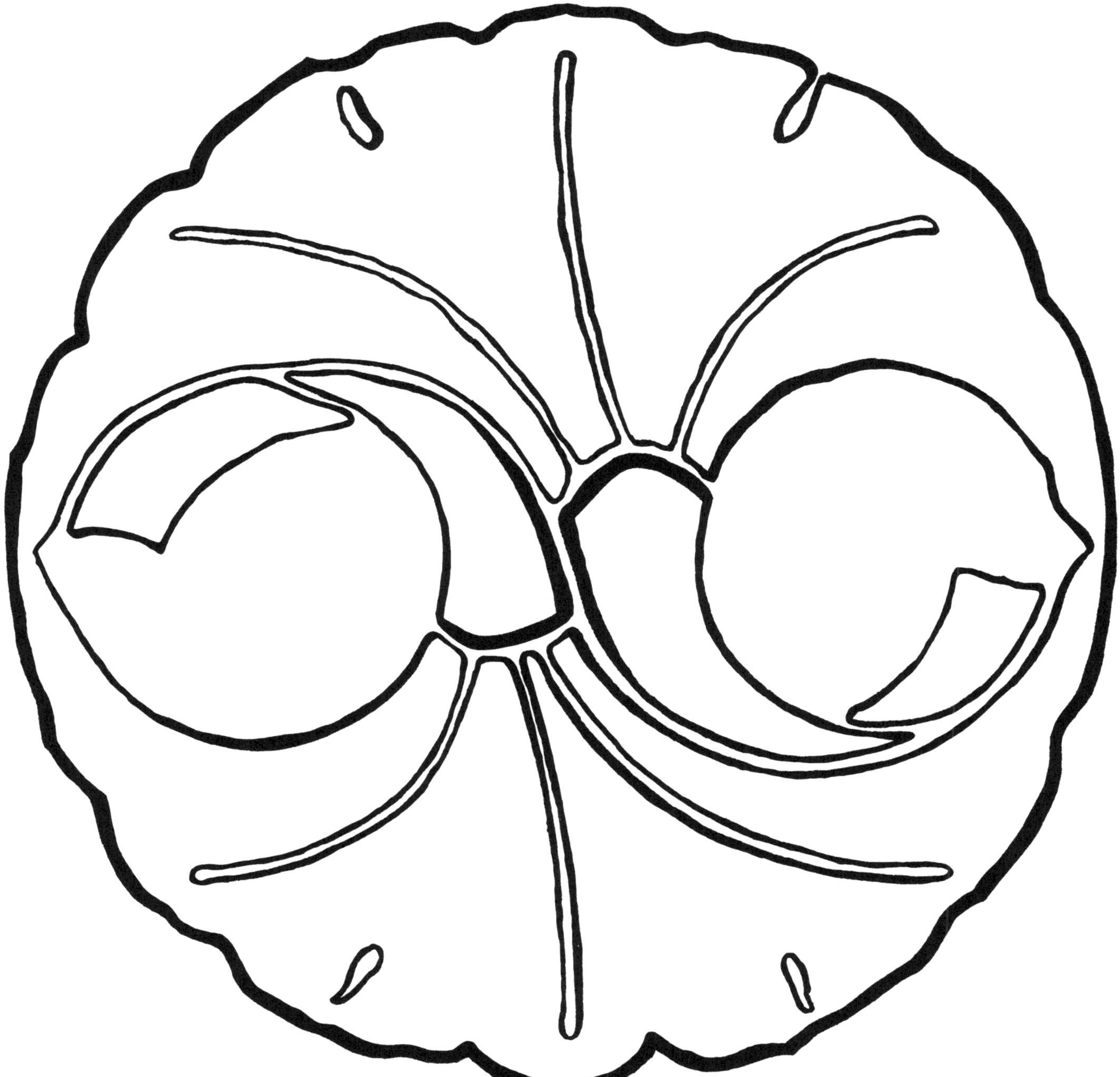

Die Kunst der Stachelschweine

Eine Gesellschaft Stachelschweine drängte sich an einem kalten Wintertag recht nahe zusammen, um, durch die gegenseitige Wärme, sich vor dem Erfrieren zu schützen. Jedoch bald empfanden sie die gegenseitigen Stacheln; welches sie dann wieder von einander entfernte. Wann nun das Bedürfnis der Erwärmung sie wieder näher zusammen brachte, wiederholte sich jenes zweite Übel, so dass sie zwischen beiden Leiden hin und her geworfen wurden, bis sie eine mäßige Entfernung von einander herausgefunden hatten, in der sie es am besten aushalten konnten ... Die mittlere Entfernung, die sie endlich herausfanden, und bei welcher ein Beisammensein bestehen kann, ist die Höflichkeit und feine Sitte.

Arthur Schopenhauer, Parerga und Paralipomena

Das nebenstehende Mandala gestalteten Indianer – mit einem äußerst widerspenstigen Material: Stachelschweinborsten. Das Weichkochen, Färben und Spalten der Borsten war Männersache. Das mühsame Aufnähen mit dünnen Sehnen auf Kleidung, Mokassins oder Ziergegenstände übernahmen die Frauen. Die Visionsbegabten der Borstenstickerinnen gehörten als »zweigesichtige Träumerfrauen« zum angesehenen Kreis der Medizinfrauen.

»Stachelschwein«-Zeiten stellen uns vor ziemliche Herausforderungen: Wie gehen wir mit spitzen Bemerkungen oder Verletzungen um? Wie spitz sind unsere eigenen Stacheln? Können wir uns angemessen schützen, ohne uns vor der Wärme der Gemeinschaft zu verschließen? Wie sähe eine wohltuende Gemeinschaftsvision für ein heilsames Schwingen zwischen Nähe und Distanz aus? Lassen Sie sich von der Weisheit des Stachelschweins begleiten, das die Indianer als Totemtier des Überflusses und Vertrauens verehrten.

Mittelmotiv einer Quillstickerei aus Stachelschweinborsten,
Volkskunst der Teton Dakota Indianer, Ostkanada, Kolonialzeit, 19. Jahrhundert ▶

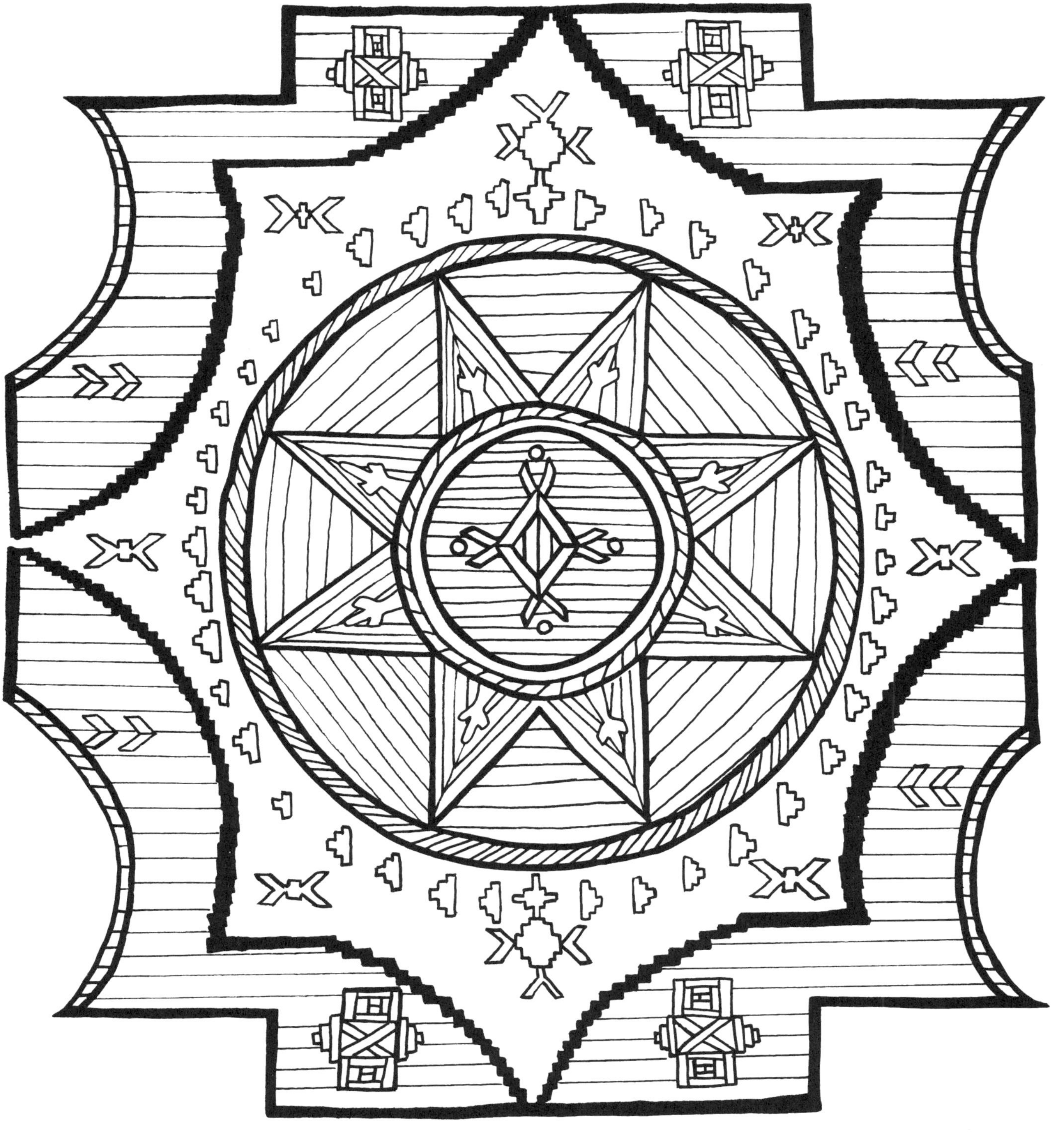

Das Bild unter unseren Füßen

Die Farben waren so zusammengestellt,
dass der Fußboden wie ein liebliches Bild zu betrachten war.
Überdies glänzte und schimmerte er noch in dem Lichte,
das bei den Fenstern hereinströmte.

Adalbert Stifter, Der Nachsommer

Holz ist in seiner Vielfalt wohl der Urstoff der Natur schlechthin, der den menschlichen Geist am meisten zu großer Kunstfertigkeit angespornt hat. Noch heute schafft sich der Mensch repräsentative Räume oder warme Orte der Geborgenheit, indem er sie mit Holz gestaltet. Der großartige Farbenreichtum der verschiedensten Hölzer kommt in der Kunst des Intarsienlegens zum Ausdruck. Intarsien sind in Holz eingelegte oder aufgeleimte Bilder, Muster oder Ornamente aus andersfarbigem Holz. Dieses sogenannte Tafelparkett muss nach wie vor in aufwendiger Handarbeit erstellt werden und ist darum besonders teuer. Wer Aufwand, Kosten und Mühe nicht scheut, wird mit dem schönen Gefühl belohnt, von nun an buchstäblich guten Boden unter den Füßen zu haben.

Das Holzintarsien-Mandala eignet sich besonders gut, um sich mit den Grundlagen der eigenen Lebenseinstellung zu befassen. Worauf stehe ich? Wofür habe ich Verständnis? Was hat in meinem Leben Hand und Fuß und darum auch Bestand für mich? Was sind die kostbaren Augenblicke in meinem Leben, die wie schöne Intarsien Harmonie und Einklang ausstrahlen?

Parkettbodenmuster, Entwurf für ein Zentralmedaillon nach klassischen Vorlagen, Deutschland, 21. Jahrhundert ▶

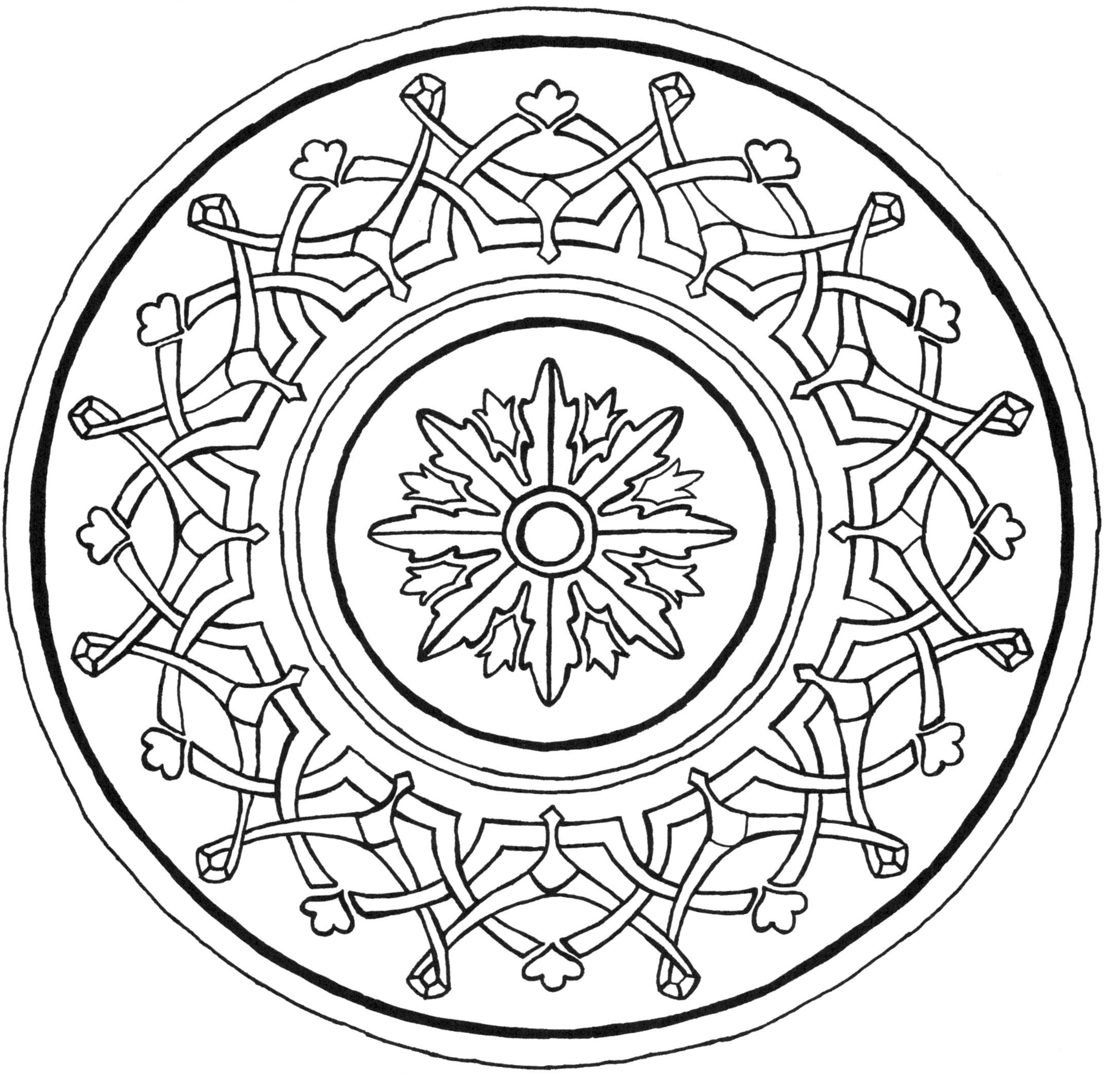

Das Steinmetzzeichen

Kann ich nicht Dombaumeister sein,
behau ich als Steinmetz einen Stein.
Fehlt mir auch dazu Geschick und Verstand,
trage ich Mörtel herbei und Sand.

Rudolf Baumbach

In der Gotik übernahmen große Bauhütten den Bau der Kathedralen. Diese Bruderschaften hatten einen vergleichsweise demokratischen Aufbau, eigene Gesetze, genossen Sonderrechte und waren mit Monopolen ausgestattet, die sie von den Zünften und der katholischen Kirche unabhängig machten.

In der Gemeinschaft der Steinmetze trug jeder von Anfang an zur Realisierung des großen Ziels bei. Man begann als Hüttendiener, wie der Lehrling genannt wurde. Als Geselle bekam man nach der »Ledigsprechung« sein eigenes, unverwechselbares Steinmetzzeichen zugeteilt. Als Wandergeselle konnte man auf anderen Bauhütten Arbeit suchen und sich mit dem geheimen Zureiseritual aller Mitglieder der Bauhütte ausweisen. Wer in den höheren Kunstfertigkeiten wie Konstruktion, Proportion, Bildhauerei unterwiesen war, stieg zum Kunstdiener und schließlich zum Parlier auf. Die erfahrensten errangen den Meisterstand und genossen als Dombaumeister höchste Autorität.

Dem Steinmetz-Mandala können Sie sich zuwenden, wenn Sie sich mit Ihrer eigenen inneren Ordnung auseinandersetzen wollen. Sind Ihre Kräfte gesammelt und auf ein Ziel gerichtet? Haben Sie eine Vision, wie Sie Ihr Leben aufbauen möchten? Was könnte unverwechselbar das Werk Ihrer Hände, Ihres Geistes sein? Mit wem fühlen Sie sich brüderlich, schwesterlich im Dienst an einer großen Aufgabe verbunden?

Mittelalterliches Steinmetzzeichen, Deutschland ▶

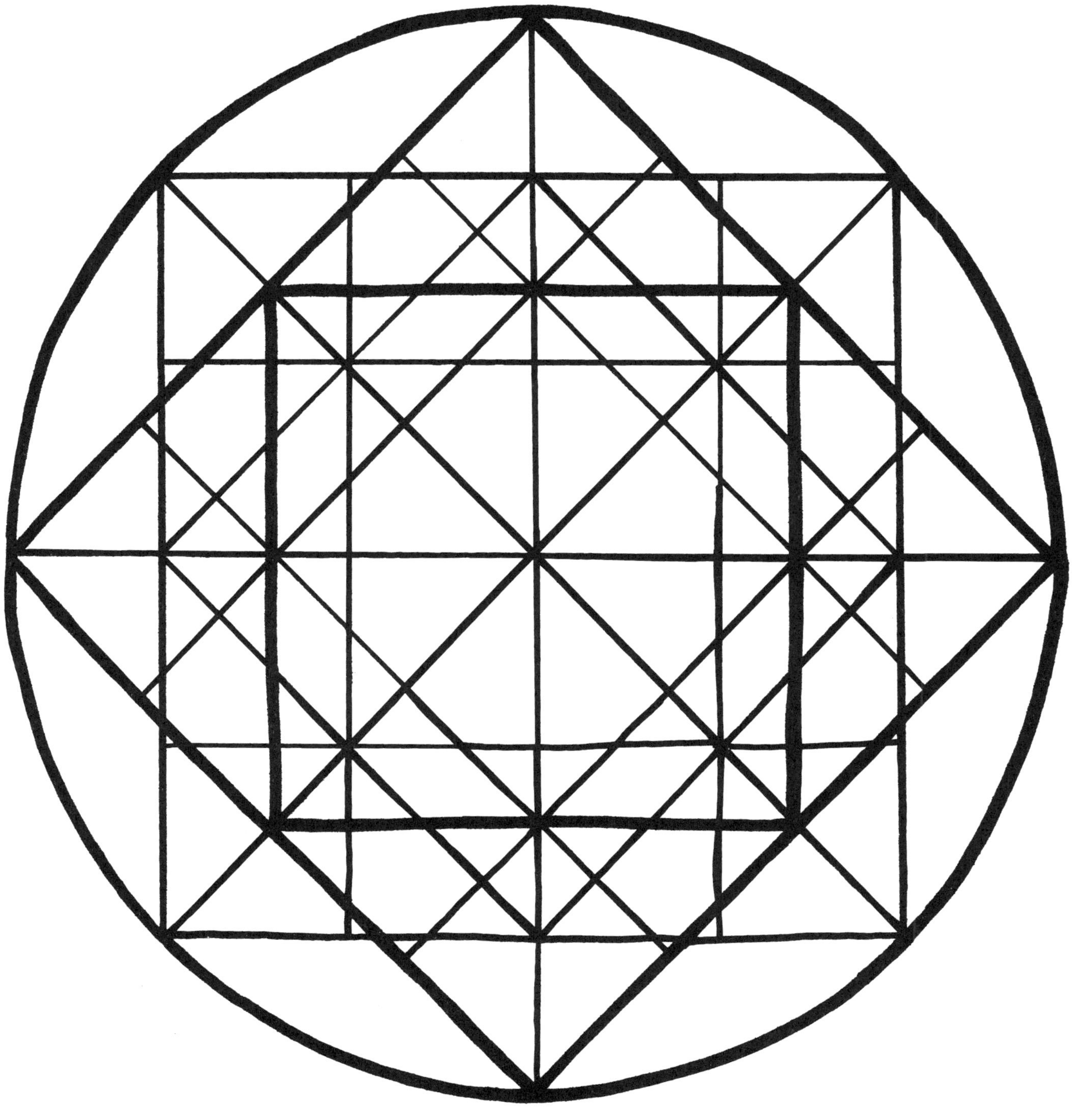

Das Gute in allem

Ich weiß gewiss, dass Himmel und Erde und die ganze Schöpfung großartig sind, weitherzig und schön und gut. Gottes Güte erfüllt alle seine Kreaturen und alle seine gesegneten Werke und fließt endlos in ihnen über. Gott ist alles Gute, wie ich meine, und das Gute in allem ist Gott.

Juliana von Norwich

In dieser britischen Fensterrose können Sie zahlreiche Figuren ausmachen: Deutlich sieht man zwei senkrecht stehende Augenlinsen, die darauf hinweisen, dass die Wirklichkeit im Auge des Betrachters entsteht. Dann gibt es zwei Bäume, die an die beiden Bäume im Paradies erinnern, den Baum der Erkenntnis und den Baum des Lebens. Sie werden mindestens zwölf Herzen zählen können, die Sie daran erinnern wollen, dass Spiritualität das Erwachen des Herzens und des Mitgefühls befördert. Vielleicht gefällt Ihnen vor allem der Schmetterling als Symbol der Verwandlung und Auferstehung. Oder Sie konzentrieren sich auf die Gestalt eines aufrecht stehenden Menschen mit gespreizten Beinen und weit ausgestreckten Armen und fühlen sich ein in seine großartige Segensgebärde. Sie können mit Ihren Farben auch den in der Mitte stehenden, stilisierten Kelch mit Fuß hervorheben. Oder Sie malen dieses gotische Mandala so aus, dass zwei schlanke, nach unten tauchende Fische mit gemeinsamer Schwanzflosse sichtbar werden. Wenn Sie dieses Symbol bevorzugen, beziehen Sie sich auf das Fischezeitalter und damit die Epoche des Christentums: Christus selbst wurde als »ichthys«, als Fisch, bezeichnet.
Wie immer Sie sich entscheiden: Vor Ihnen liegt der ikonographische Reichtum spiritueller Sprache, die den Künstlern der Gotik gegenwärtig war und bis heute die aufmerksamen Betrachter anzusprechen vermag.

»Das Auge des Bischofs«, Rosenfenster in der Stirnfront des südlichen Arms des großen Querhauses, Kathedrale der Gesegneten Jungfrau Maria, Lincoln, Lincolnshire, Großbritannien, 13. Jahrhundert ▶

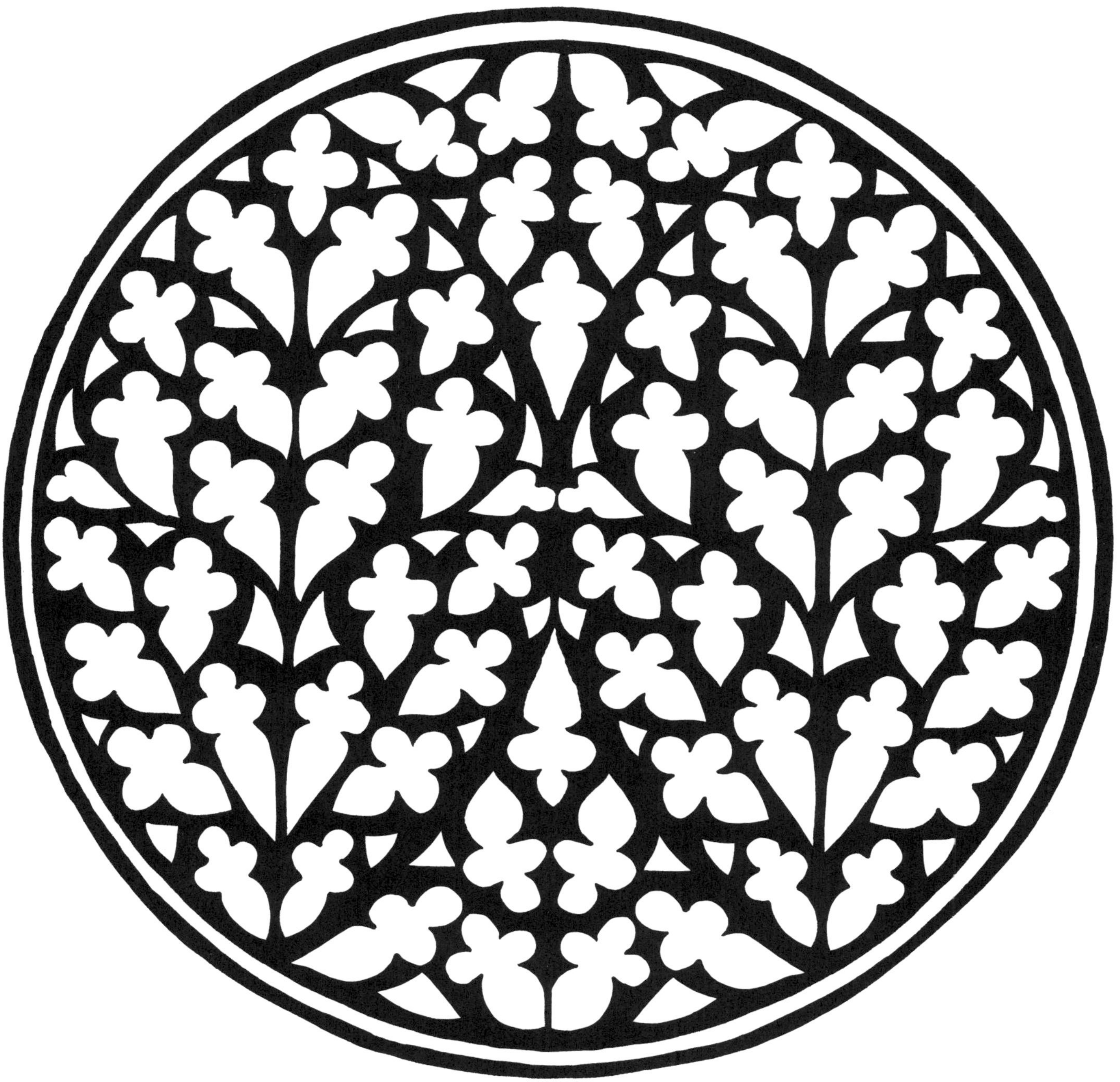

Die Rosenblüte

Da eben die Zeit der Rosenblüte war, und diese Rosen auch außerordentlich reich blühten, so war es nicht anders, als stände ein Tempel von Rosen da und es wären Fenster in dieselben eingesetzt. Alle Farben, von dem dunkelsten Rot, gleichsam Veilchenblau, durch das Rosenrot und Gelb bis zu dem Weiß waren vorhanden. Bis in eine große Entfernung verbreitete sich der Duft.

Adalbert Stifter, Der Nachsommer

Die Anziehungskraft einer voll erblühten und duftenden Rose ist kaum zu überbieten. Als unumstrittene Königin der Blumen wurde sie weltweit zum Synonym für Liebe und weibliche Schönheit. Bei den christlichen Mystikern des Mittelalters gewann sie transzendente Bedeutung. Maria und sogar Christus werden mit der Rose identifiziert: Wer in die mystische Rose schaut, blickt wie durch ein Fenster in die Ewigkeit. Bei den Texten eines sensiblen Poeten wie Stifter schwingt noch mehrere Jahrhunderte später dieser geistige Hintergrund mit, wenn er einen »Tempel« und »Rosenfenster« zu sehen meint und den Duft der unzähligen Blüten noch in »großer Entfernung« wahrnehmen kann.

Ein Mandala, mit dem das Herzzentrum harmonisiert und die eigene Offenheit für die irdische und himmlische Liebe gestärkt werden kann, besonders wenn Sie dafür warme Rosa- und Rottöne sowie frisches, helles Maiengrün verwenden.

Bodendekor eines römischen Kameoglas-Balsamariums aus dem Paul Getty Museum Los Angeles, Kalifornien, Fundort Eskisehir, Türkei, letztes Viertel 1. Jahrhundert vor Christus bis 1. Viertel 2. Jahrhundert nach Christus ▶

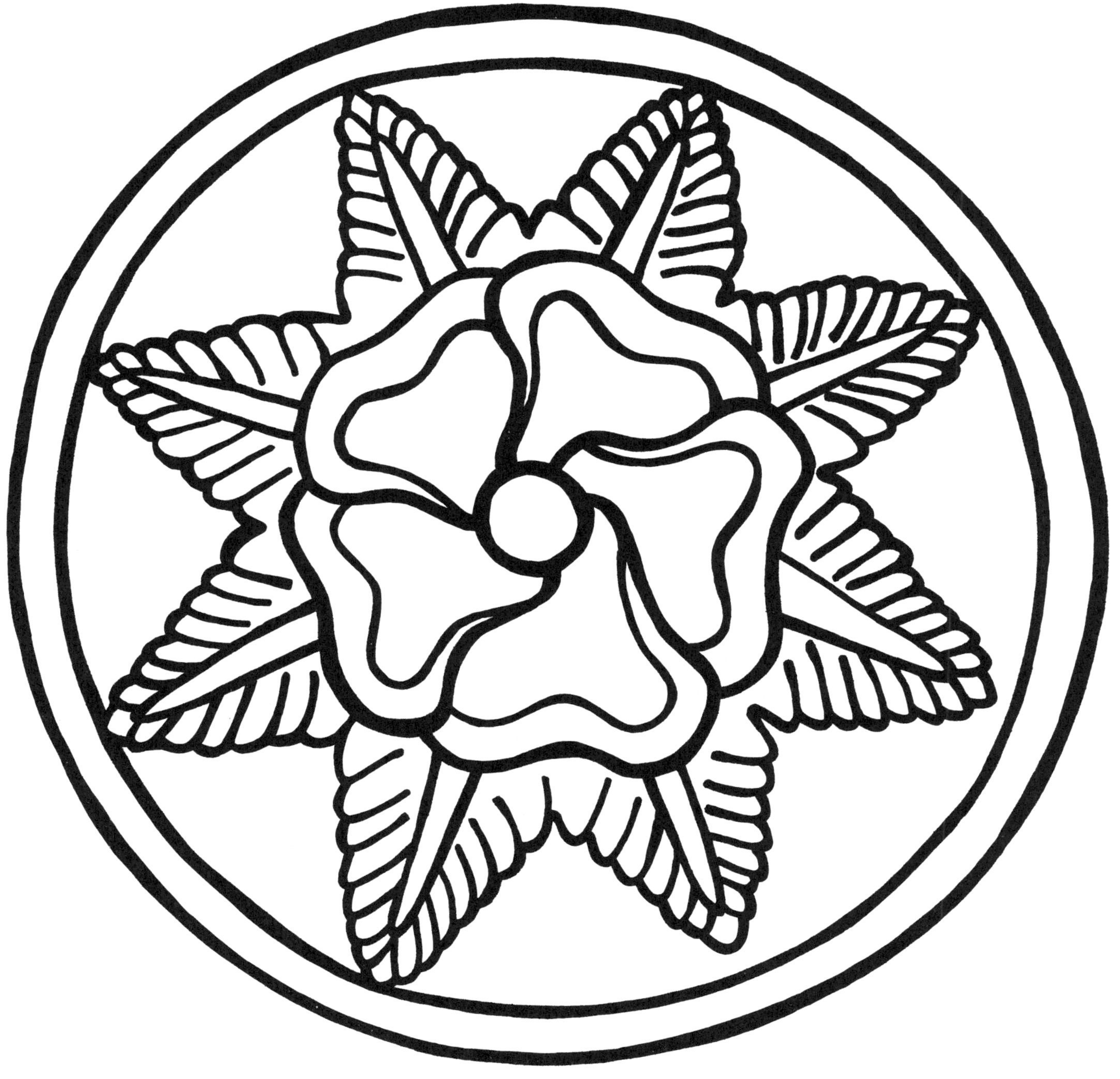

Kubanisches Geheimnis

Was den Sinnen fehlt, das erhöht, vermehrt und bereichert den Glauben: Je weniger für die Augen da ist, desto mehr ist für die Seele da.

Jean-Pierre de Caussade

Extrem reduzierte Mandalas wie dieses karibische Motiv beschreiben einen geheimnisvollen Vorgang: Durch Einfachheit wird der äußeren Gestaltung ein Maximum an Wirklichkeit verliehen. Sie überzeugt gerade dadurch, dass sie auf alles Überflüssige verzichtet und sich nur auf das Wesentliche konzentriert. Nicht die Quantität, sondern die Qualität entscheidet. Dieses letztlich Wesentliche, die Essenz, wird nicht mit den Augen, sondern mit dem Tiefenbewusstsein der Seele wahrgenommen. Offensichtlich hat die menschliche Seele ein großartiges Gespür dafür, worauf es letztlich ankommt.

Lassen Sie sich von der Leuchtkraft karibischer Farben inspirieren, wenn Sie sich diesem Mandala zuwenden. Vielleicht macht es Ihnen auch Spaß, ein bisschen mit dem Farbcode der kubanischen Autokennzeichen zu spielen:

Ein schwarzes Nummernschild bekommen auf Kuba die Diplomaten, weiß ist für Minister, gelb gekennzeichnet sind Privatwagen, blau die Fahrzeuge des Staates, grün das Verteidigungsministerium, rot die Leihwagen der Touristen und orangefarbene Kennzeichen erhalten ausländische Unternehmer.

Ein Extratipp: Viele Künstler aus Kuba malen in Ermangelung professioneller Utensilien ihre Bilder notgedrungen auf Sackleinen von Kaffee- oder Zuckersäcken, der Leinwand der armen Leute. Dieses kubanische Mandala lässt sich gerade wegen seiner bezwingenden Schlichtheit leicht auf simple Alltagsgegenstände übertragen wie Dosen, Teller, T-Shirts oder Kissen.

Kreisdekor aus Pinar del Rio, Kuba, aus einem Buch über karibische Volkskunst, Anfang 20. Jahrhundert ▶

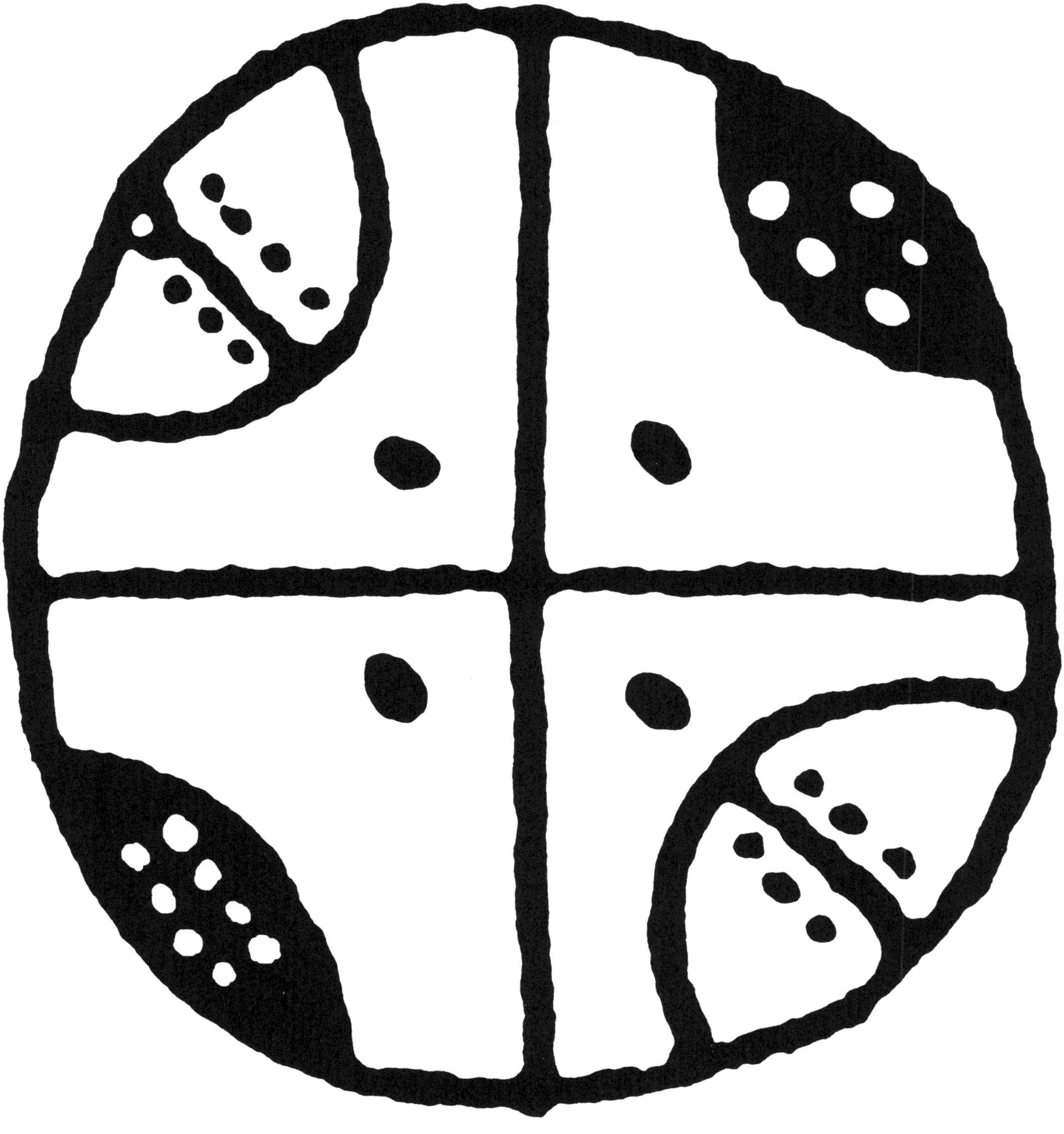

Die Welt des Türmers

Überhaupt hatte er nur ungern mit den Menschen zu tun; seine Kirche genügte ihm. Sie war bevölkert mit marmornen Gestalten, Königen, Heiligen und Bischöfen, welche ihm wenigstens nicht ins Gesicht lachten und nur einen ruhigen, wohlwollenden Blick für ihn hatten. Die übrigen Statuen, die Ungeheuer und Teufel, hegten keinen Hass gegen ihn. Er war ihnen selbst zu ähnlich. Sie verspotteten eher andere Menschen. Die Heiligen waren seine Freunde und segneten ihn. Die Ungeheuer waren es ebenfalls und beschützten ihn.
Die Kathedrale war für ihn das Weltall, die ganze Natur. Er träumte von keinen anderen Blumen als von den immer blühenden Glasmalereien, von keinem anderen Schatten als dem jener steinernen Blätter, welche um die sächsischen Kapitäle ranken, von keinen anderen Bergen als den kolossalen Kirchtürmen, von keinem anderen Ozean als dem, welcher zu ihren Füßen brauste, nämlich Paris.

Victor Hugo, Der Glöckner von Notre Dame

Freundschaft mit anderen zu schließen oder sich in Gesellschaft anderer wohlzufühlen ist nicht immer einfach. Bisweilen drängen sich dämonische Schattenbilder der eigenen Unzulänglichkeit dazwischen. Sie sorgen dafür, dass man sich minderwertig fühlt, uninteressant, unattraktiv oder unbedeutend. Wer sich als ungenügend wahrnimmt, empfindet auch keine Freundschaft mit sich selbst. Er zieht sich zurück und entscheidet sich für das Alleinsein statt für die Gemeinschaft. Einsamkeit ist die Folge. Wer einsam ist, kann aber auch großartige Entdeckungen machen. Vorausgesetzt, man ringt mit der Einsamkeit um den wahren Sinn von Gemeinschaft und Beziehung. Wer sich dieser Aufgabe stellt, erfährt dabei immer auch Wesentliches über sich selbst.

Ausschnitt aus einem Entwurf für das Turmspitzenmaßwerk des Straßburger Münsters, Zeichnung von Johan Hültz von Köln, Tinte auf Pergament, Musée de l' Oeuvre Notre Dames, Straßburg, Frankreich, nach 1419 ▶

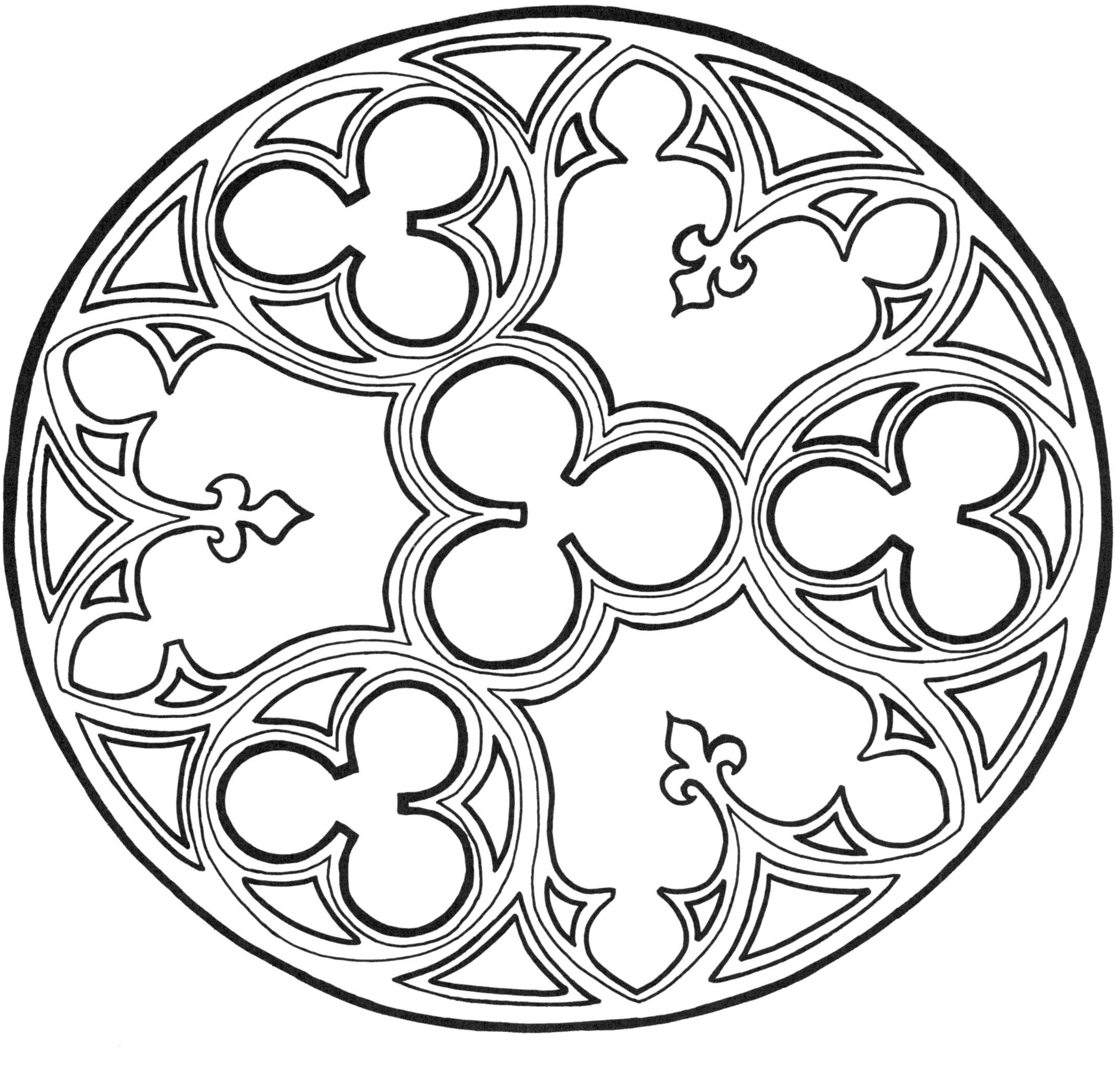

Die Freude der Fische

Zwei Freunde schlenderten am Ufer eines Stromes entlang. Da sagte der eine: »Schau nur, wie die Fische aus dem Wasser springen und nach Herzenslust umherschnellen! Das ist die wahre Freude der Fische!«
Der andere meinte: »Du bist doch kein Fisch – woher willst du denn wissen, was die Freude der Fische ist?«
Der erste antwortete: »Ich weiß es, weil die Freude vom Wasser dieses Stromes in mir aufsteigt.«
Eine Geschichte aus China

Wie könnte man der lebendigen Freude des Wassers besser Ausdruck verleihen als mit diesen zwanzig quirligen, fröhlichen Fischen? Die Energie in diesem Mandala springt sofort auf den Betrachter über. Gleichwohl herrscht kein Chaos, sondern eine beträchtliche Harmonie. Der islamische Künstler sorgte bei aller Dichte dafür, dass jeder Fisch seinen Raum hat, sich aber auch als Teil einer dynamischen Wasser-Gemeinschaft erleben kann, die buchstäblich in ihrem Element ist.
Vielleicht mögen Sie beim Ausmalen die Fische im Wasser als lebendiges Symbol für die Summe aller Ihrer Gefühlskräfte wahrnehmen. Es wird den Fischen eine ganz besondere Freude sein, Ihre Emotionen, ob hell oder dunkel, in den passenden Farbstimmungen zu verkörpern und sie alle zusammenzubringen – als Ausdruck Ihrer einzigartigen Persönlichkeit.

Gehämmerte Metallplatte, islamisch, nach einer Abbildung in einem britischen Bildband über Zeichen und Symbole, London, 1993 ▶

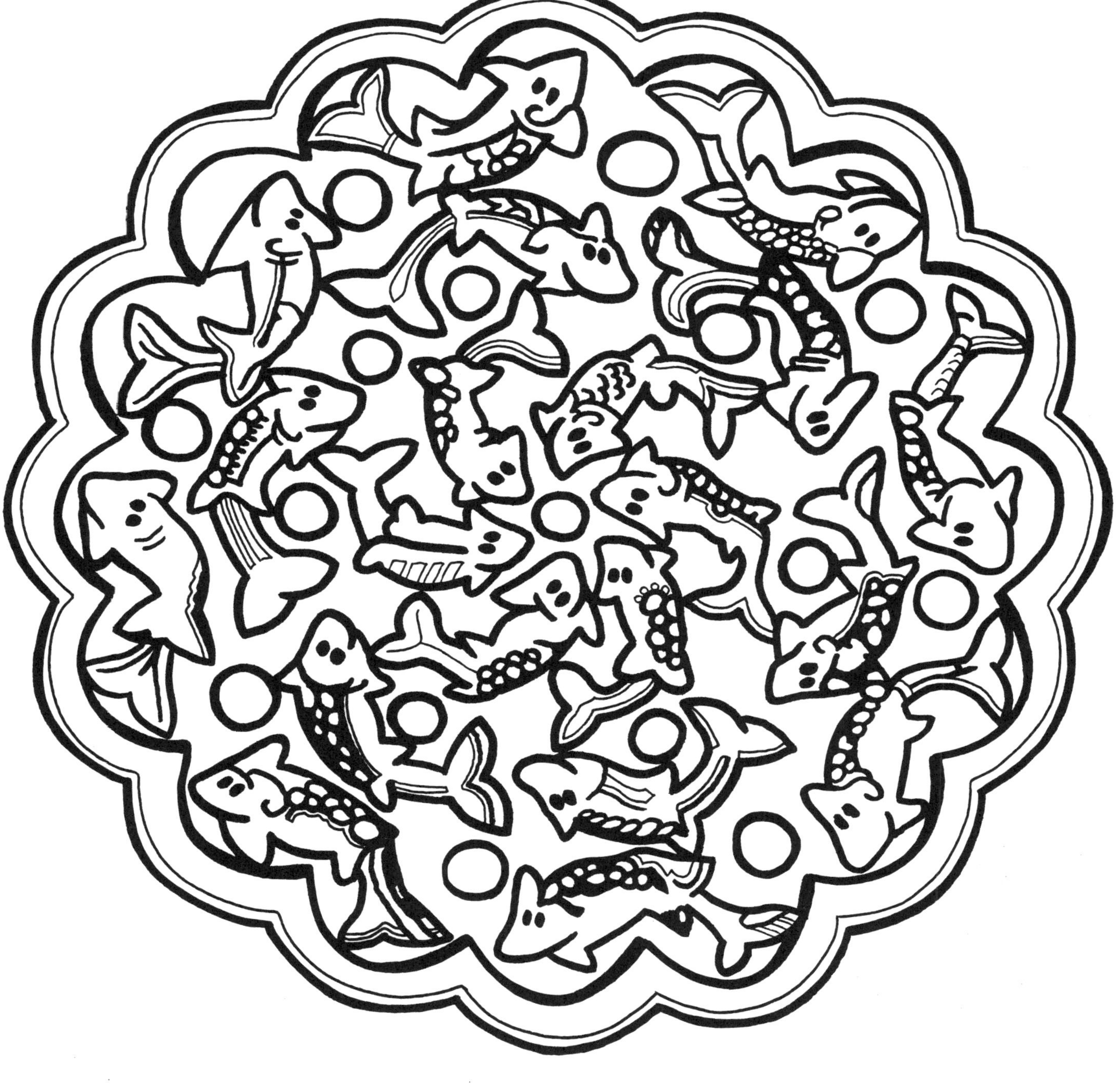

Der unaussprechliche Baum

Es gibt auf dieser Erde einen wunderbaren Baum.
Seine Wurzel, welch Geheimnis!, befindet sich im Himmel.
Niemals könnte unter seinem schattigen Laubwerk irgendetwas verletzen.
Dort, ohne den Sturm zu fürchten, kann man sich ausruhen.
Schau, die Liebe ist der Name dieses unaussprechlichen Baumes,
und seine köstliche Frucht nennt sich: die Hingabe.

Therese von Lisieux

Tief in der geheimnisvollen Welt unserer Seele gibt es einen unverletzbaren Bereich. Hier sind und bleiben wir ganz, heil und hell. Was immer wir auch erlebt und erlitten haben mögen, an dieses Innerste reicht auch die dunkelste Erfahrung nicht heran. Wer diesen unverletzbaren Ort als seine eigene Mitte begreift, wird immer wieder beglückende Erfahrungen machen können.
Mit dem schützenden Mandala des unaussprechlichen Baumes finden Sie zu mehr Ruhe und Sicherheit. Zugleich erfrischt es und aktiviert Ihr Potenzial für inneres Wachstum, für Liebe und Hingabe an das Leben.

Florales Motiv aus vier Fliesen mit ornamentalem Rand, Italien, Mittelalter ▶

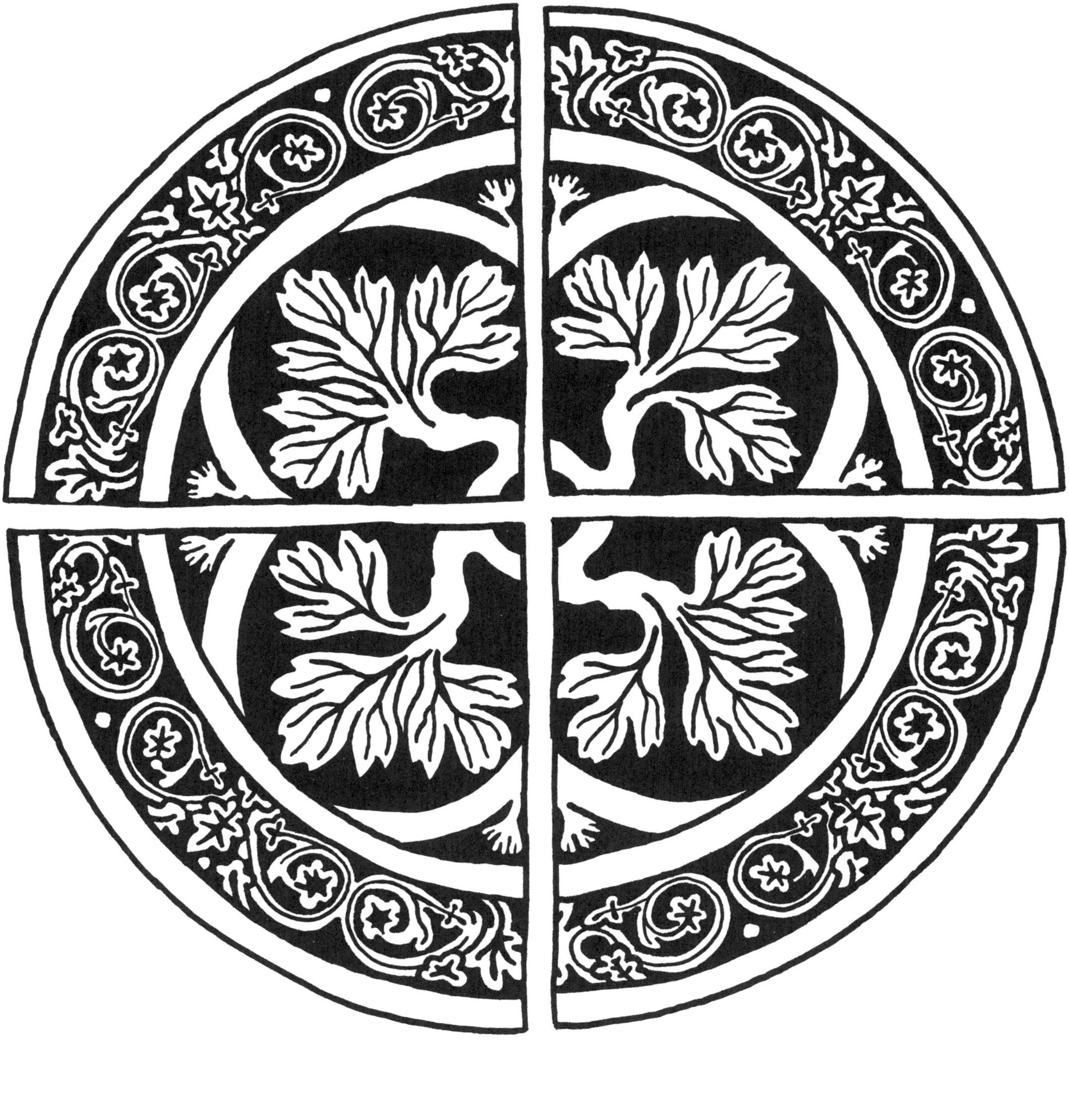

Im Kreis der bunten Federn

In der Philosophie der wahren Indianer ist Indianersein eine Haltung,
ein Geisteszustand; Indianersein ist eine Daseinsform am Ort des Herzens.
Und das ist unsere Aufgabe:
dem Herzen zu gewähren, der Energieverteiler auf diesem Planeten zu sein.
Deinem Herzen, Empfinden und Fühlen zu gewähren, deine Energie zu verteilen.
Jene Energie aus der Erde heraufzuziehen und vom Himmel herunter.
Ja, das ist unsere Aufgabe.

Brooke Medicine Eagle, Schamanin der Sioux

Die acht konzentrischen Kreise wurden von Prärieindianern auf die abgeschabte Innenseite einer großen Bisonhaut gemalt. Sie versinnbildlichen eine Sonne aus Adlerfedern.

Der heilige Adler war für Indianer ein besonders starkes Krafttier, dem sie in Tänzen, Riten und Zeremonien ihren Respekt erwiesen. Positiv verkörperte er für sie Schnelligkeit, Tapferkeit, Intelligenz, Kampfesmut, Aufstiegswillen und Wendigkeit. Zudem galt er als Symbol der Unantastbarkeit, Glücksbringer und Bote des Himmels.

Vielleicht möchten Sie sich beim Ausmalen an der Farbpalette der Indianer orientieren, die ihre Farbstoffe aus pflanzlichen, mineralischen oder organischen Substanzen gewannen. Sie verwendeten gerne Rot, Gelb, Grün, Blau, Braun und Schwarz.

Malerei auf Bisonhaut, Prärie-Indianer, Dakota, USA, 19. Jahrhundert ▶

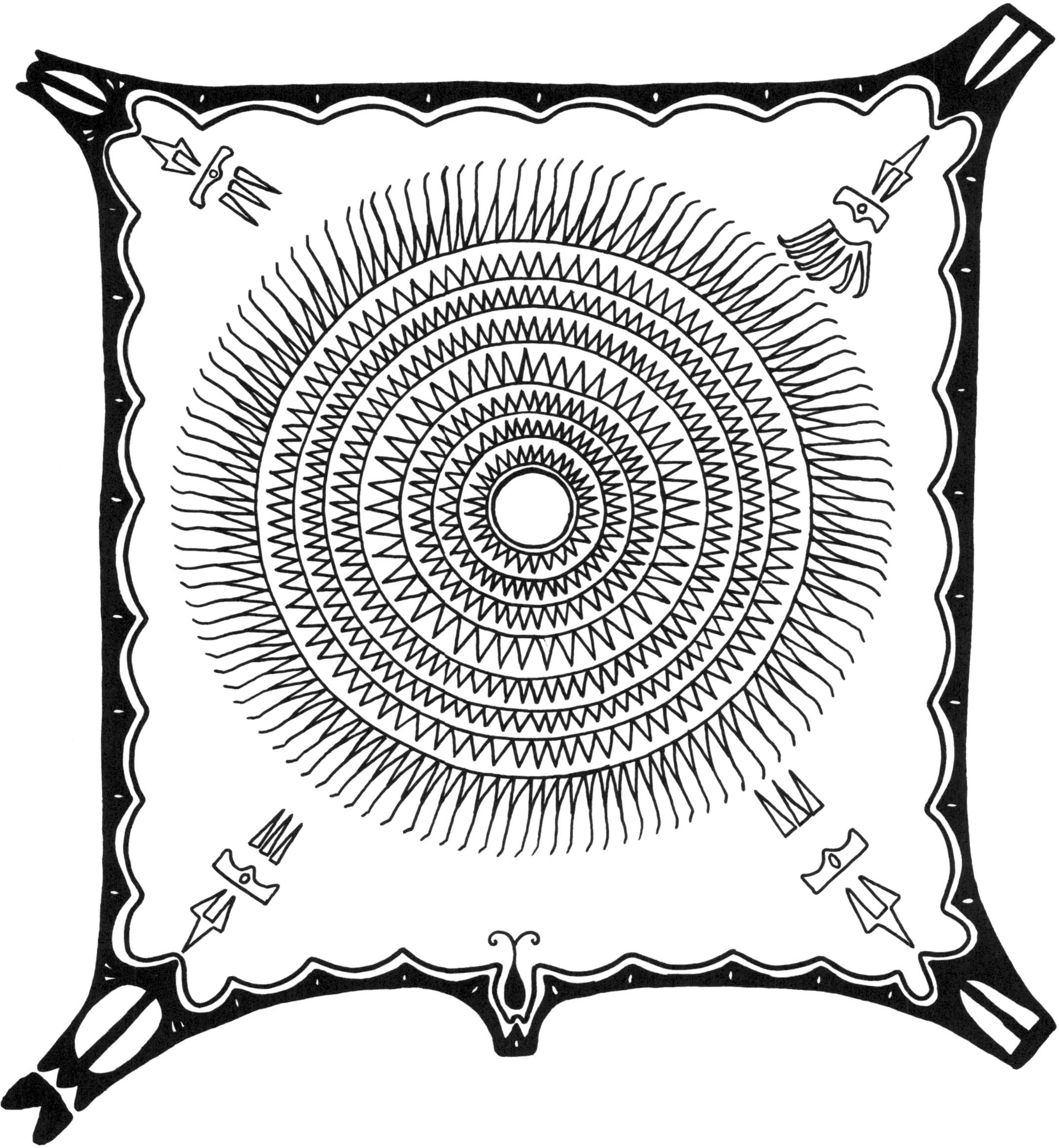

Die Rose von Cluny

Wenn einer mit Brüdern zusammenlebt,
muss er nicht eckig, sondern rund sein,
so dass er sich zu allen hinwenden kann.

Abbas Matoes

Das Hôtel de Cluny in Paris gilt als ein Juwel des Flamboyantstils, der in England und Frankreich seine größte Blütezeit erlebte. Das mittelalterliche Gebäude war auf den Überresten einer römischen Therme errichtet worden. Ein Abt von Cluny hatte 1330 das Grundstück erworben, weil man für die Mitglieder der Abtei eine eigene Unterkunft in Paris wünschte, während diese den königlichen Hof oder die Stadt besuchten. Ende des 15. Jahrhunderts ließ Abt Jacques d'Ambroise dann das Hôtel Cluny als Stadthaus der Benediktiner errichten und mit Möbeln im spätgotischen Stil ausstatten.

Beim Ausmalen dieses Rosen-Mandalas können Sie die Beziehungen zu Menschen meditieren, mit denen Sie zusammenleben oder zusammengelebt haben. Welche Ihrer »eckigen« Eigenschaften oder Gewohnheiten wurden dadurch abgeschliffen? Was hat Sie dabei emotional weicher und Ihre Persönlichkeit »runder« werden lassen? In welche Richtung könnte Ihre Zuneigung zurzeit am stärksten wachsen wollen? Unter welchen Menschen blühen Sie wie von allein auf? Wer erlebt dank Ihrer freundlichen Hinwendung diese Erde als seine spirituelle Heimat auf Zeit?

Ornament an einem Eichenmöbel, Hôtel de Cluny, Paris, Frankreich, Anfang 16. Jahrhundert ▶

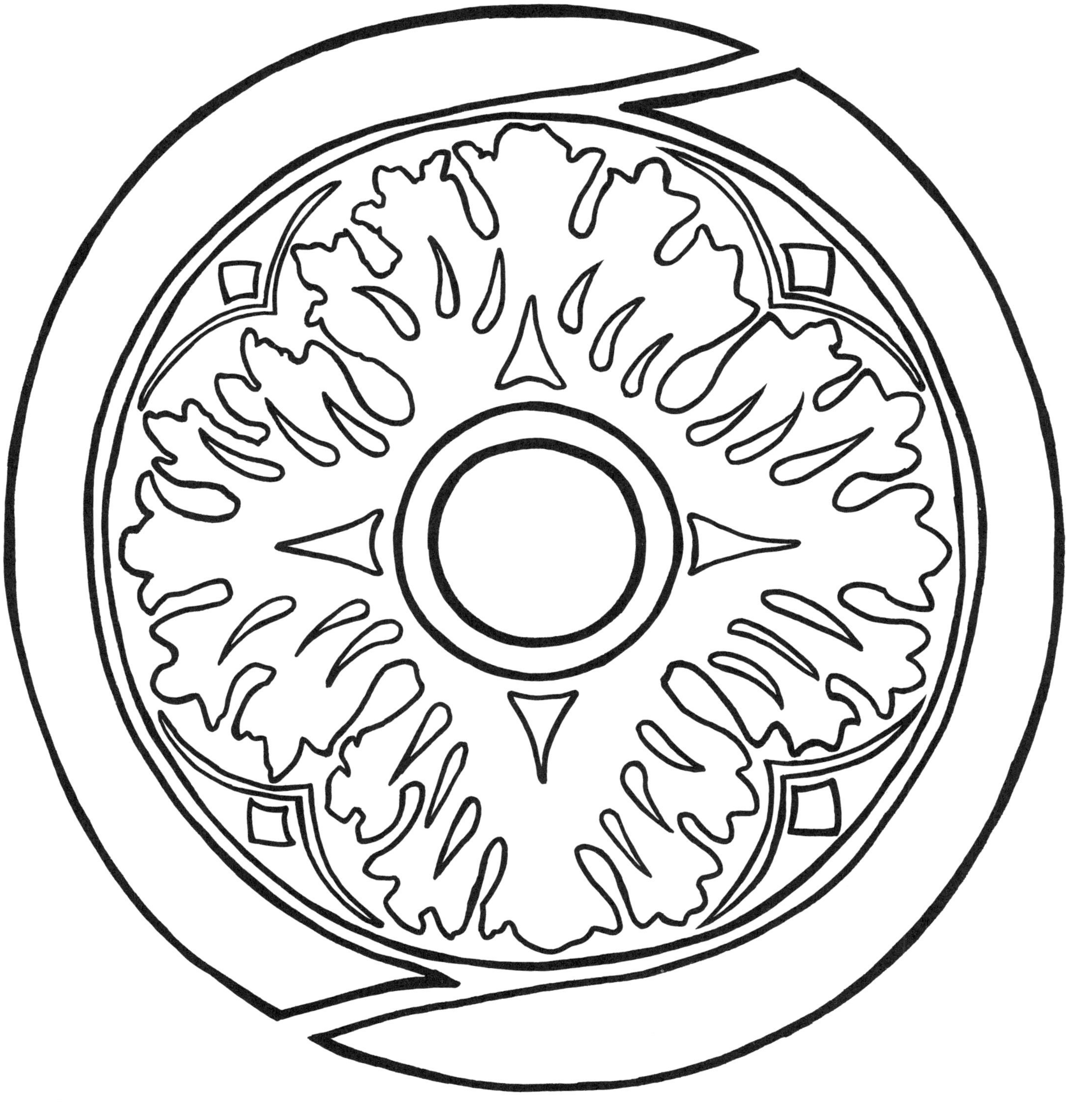

Die Höhle des Cosmos

Lass uns an dieser Stelle über Werte reden.
Nicht über die Werte der modernen Gesellschaft,
nicht die der Philosophen, nicht die der Börsenmakler:
Ich meine kosmische Werte.
Was ist nun für den Kosmos von Wert?
Was erachtet der Kosmos selbst
als die erhabenste Heimat aller Dinge, als wertvoll?
Diejenigen, die sich der Pracht des Universums bewusst werden
und Leben in anderen entfachen.

Brian Swimme

Die Höhle des Cosmos gehört zu einer Grottenanlage, die Pfalzgraf Philipp Wilhelm, der spätere Kurfürst von der Pfalz, 1667 in seinem Schloss Neuburg an der Donau errichten ließ. Dieser ganz in Himmelblau gehaltene Höhlen-Raum ist mit Ornamenten aus zahllosen Flusskieseln geschmückt. Das Deckenmosaik der Blauen Grotte bildet die Vorlage für dieses barocke Mandala. Seine zwölf Medaillons enthalten im Original die Tierkreiszeichen und weisen so darauf hin, dass sich der Kosmos zum Wohl aller entfaltet. »Cosmos« bedeutet ursprünglich »Ordnung, Anstand« und bildet in der griechischen Mythologie die harmonische Gegenwelt zum Chaos.
Dieses Mandala eignet sich besonders gut für einen meditativen Jahresrückblick, wobei die zwölf leeren Felder für die vergangenen zwölf Monate stehen können. Alle gemeinsam können dazu beitragen, dass Sie das vergangene Jahr als farbiges und wertvolles Ganzes betrachten können.

Höhle des Cosmos oder Raum der Tierkreiszeichen, Deckenmosaik aus hellen Flusskieseln auf blauem Grund in der Grottenanlage von Schloss Neuburg an der Donau, Bayern, 1667 ▶

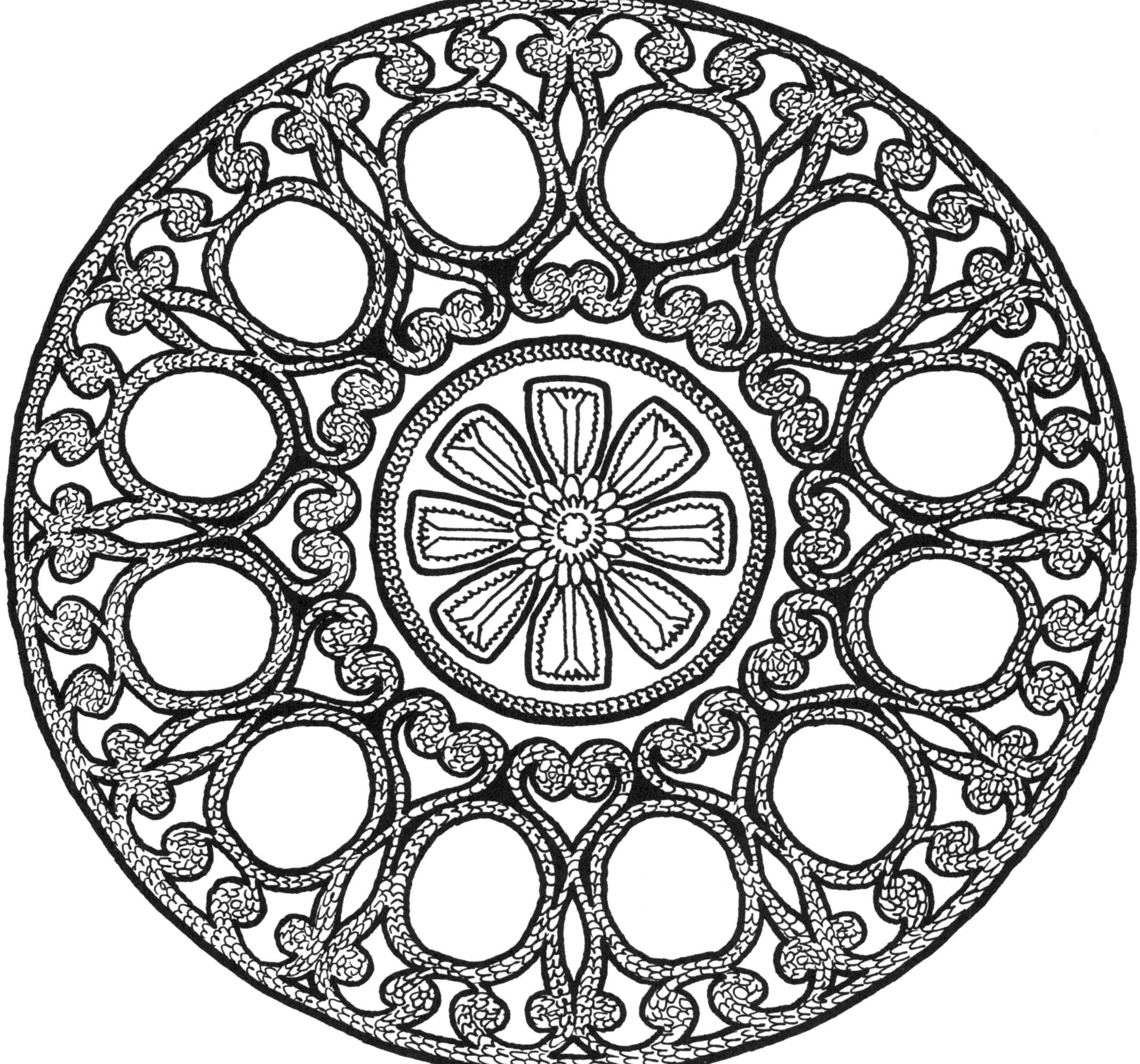

Die Bärenfestung

Der Heilige lachte über Zarathustra und sprach also: »Gehe nicht zu den Menschen und bleibe im Walde! Gehe lieber noch zu den Tieren! Warum willst du nicht sein wie ich – ein Bär unter Bären, ein Vogel unter Vögeln?«
»Und was macht der Heilige im Walde?«, fragte Zarathustra.
Der Heilige antwortete: »Ich mache Lieder und singe sie, und wenn ich Lieder mache, lache, weine und brumme ich: Also lobe ich Gott. Mit Singen, Weinen, Lachen und Brummen lobe ich den Gott, der mein Gott ist.«

Friedrich Nietzsche, Also sprach Zarathustra

Auf Admiralty Island im Südosten Alaskas leben zwar nur gut 600 Menschen, dafür aber in einem riesigen streng geschützten Nationalpark jede Menge Braunbären. Der gemäßigte Regenwald, die alpine Tundra, die schroffen Küsten und lachsreichen Flüsse schaffen ideale Lebensbedingungen für die Tiere. Die Behörden tun viel, um die dichteste Bärenpopulation Nordamerikas mit etwa 1600 Tieren ungestört zu erhalten. Die Tlingit Eskimos nennen ihre Insel darum auch stolz Kootznoowoo, »Bärenfestung«.
Dieses Mandala aus der Eskimotradition eignet sich darum besonders gut für Zeiten, in denen Sie das Bedürfnis nach Rückzug, Abschirmung und Schutz verspüren. Lassen Sie sich überraschen, welche Farbstimmungen Ihre Seele dafür beim Ausmalen bevorzugt: kühle Farben wie das klare Wasser alaskischer Flüsse oder warme, erdige Töne, die dem Bär und den Wäldern entsprechen.
Genießen Sie den stillen Aufenthalt in Ihrer persönlichen »Bärenfestung« und lauschen Sie dabei auf das Lied in Ihrem Inneren. Es kann beste »Bärenkräfte« in Ihnen wecken und Sie wieder Ihrem Ursprung und Ihrer Bestimmung nahebringen.

Motiv der Tlingit Eskimos, Admiralty Islands, Volkskunst, Alaska, Mitte 20. Jahrhundert ▶

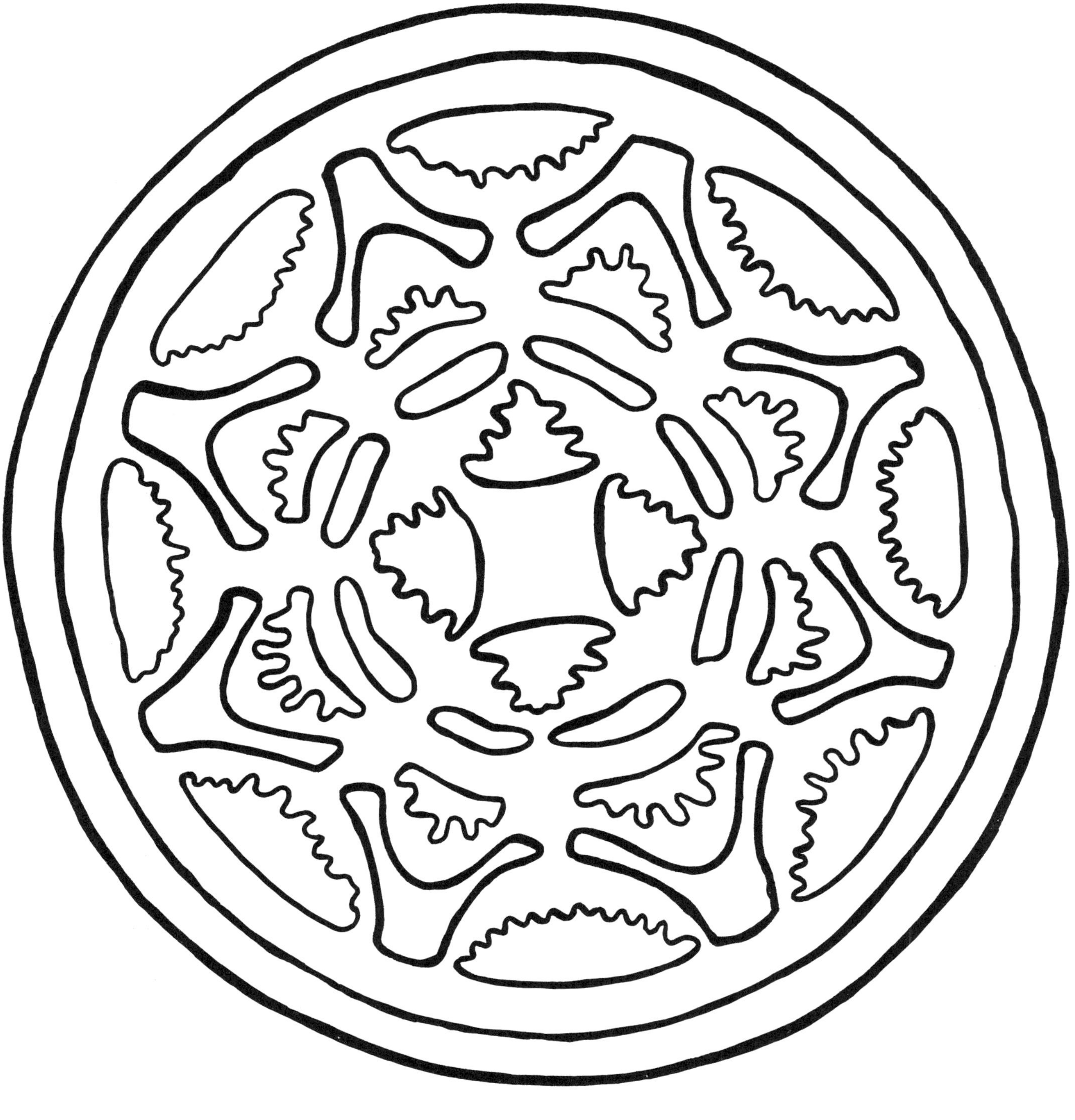

Die Natur als Künstlerin

Ein Mensch, der sich nicht wundern kann,
der nicht ständig staunt
oder nicht ständig anbetet –
und wäre er auch Präsident zahlreicher königlicher Akademien
und hätte er die großen Entdeckungen aller Laboratorien
und Observatorien in seinem Kopf gespeichert –
ist nichts anderes als ein paar Brillengläser,
hinter denen sich keine Augen befinden.

Thomas Carlyle

Der Jenaer Zoologe, Künstler und Philosoph Ernst Heinrich Haeckel (1834–1919), einer der wichtigsten Wegbereiter des Darwinismus in Deutschland, betrachtete den Kosmos als »allumfassendes Naturganzes«, in dem Gott als Kausalprinzip alle Kräfte bündelt sowie Geist und Materie untrennbar verbindet. Seine Naturstudien ließen ihn eine aufsteigende Entwicklungsreihe der Schönheit der Naturformen annehmen. Der Weg führt »vom Einfachen zum Zusammengesetzten«, wobei die organische Differenziertheit ausschlaggebend ist. Unser Gehirn ist laut Haeckel genetisch so programmiert, dass es Regelmäßigkeiten und symmetrische Anordnungen als positiv und damit schön erkennt. Haeckel dokumentierte anhand der Skelette von Meerestieren, wie viel »Ordnungsliebe« die Natur in ihre Spezies einfließen lässt. Durch seine exakten, künstlerisch eindrucksvollen Zeichnungen vermittelt er ein völlig neues Bewusstsein dafür, welche Schönheit die Natur hervorbringt. Setzen Sie diesen Prozess fort, indem Sie nun zur Form die Farbe hinzufügen!

Polycyttaria, Vereins-Strahlige, Lithografie von Adolf Giltsch nach Zeichnungen von Ernst Haeckel, publiziert in dessen bahnbrechenden Tafelwerk »Kunstformen der Natur«, Leipzig und Wien, 1899–1904 ▶

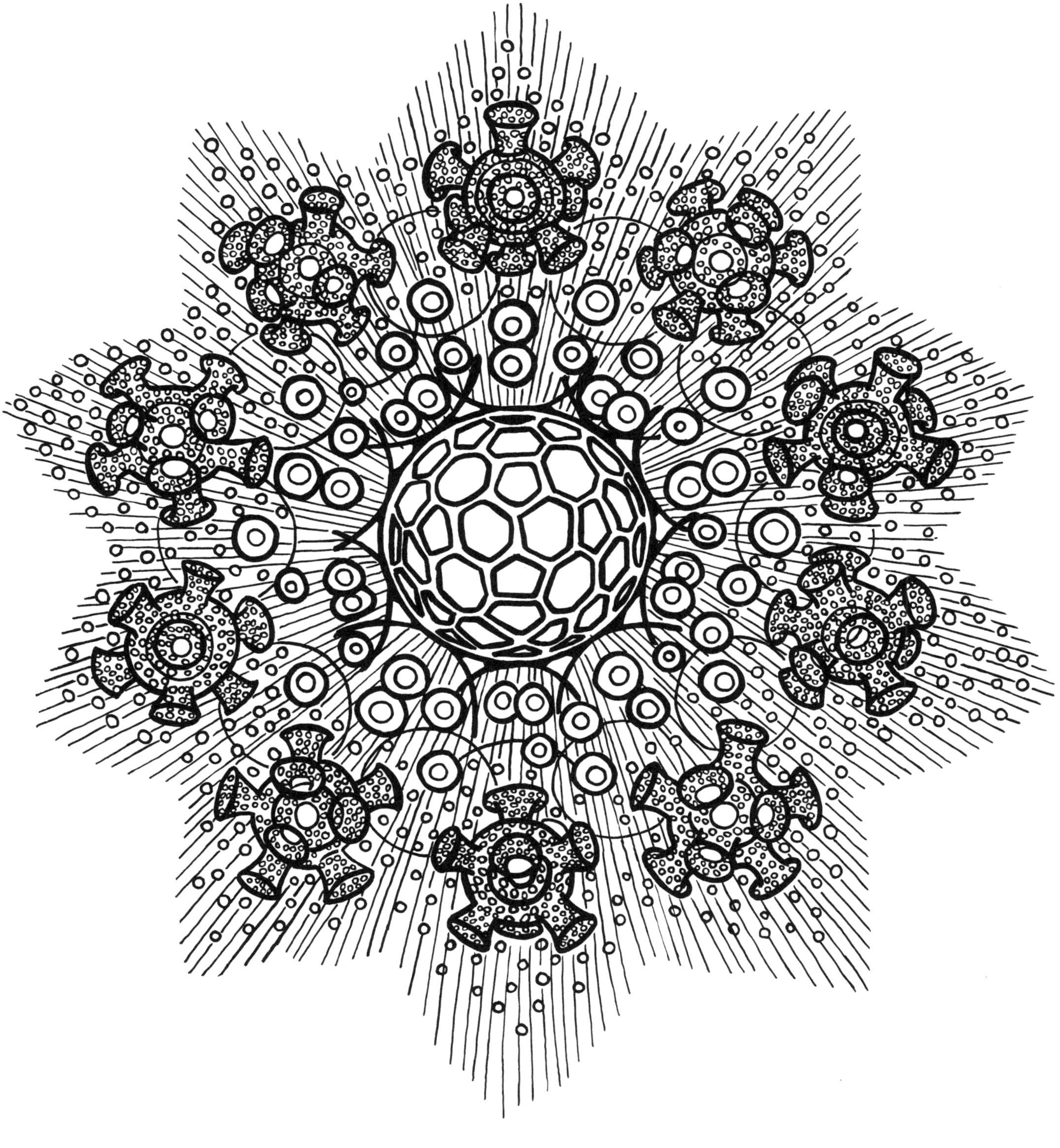

Das innere Paradies

Eine Fahrkarte ins Paradies, dachten wir. Und erst nach der Reise erkannten wir, dass sich der Zutritt zum Paradies nicht erkaufen lässt. Wer es gefunden hat, fand es in seinem Innern und ist dort umsonst hingekommen. Alles, was ich bisher gesehen und gelesen hatte, hatte mir gezeigt, dass sich auf diesem Planeten Paradies und Hölle nicht an unterschiedlichen Orten befinden, sondern immer an ein und demselben Platz.

Thor Heyerdahl

Der norwegische Abenteurer und Kulturwissenschaftler Thor Heyerdahl lebte 1937 mit seiner ersten Frau etwa ein Jahr auf Fatu Hiva, das zu den südlichen der 14 Marquesas Inseln im Pazifischen Ozean gehört. Der ursprüngliche Name der polynesischen Inselgruppe lautete »Te Henua Kenana«, übersetzt »Die Erde der Männer«. Das junge Paar fand auf der von der Zivilisation weitgehend unberührten Insel zwar nicht das Paradies, aber Heyerdahl entdeckte bei seinen Studien bislang unbekannte Beziehungen zwischen den Kulturen Polynesiens und Südamerikas. Damit hatte er zu seiner Lebensaufgabe gefunden, die 1947 zu seiner spektakulären Kon-Tiki-Floßexpedition von Peru nach Polynesien führte und ihn weltberühmt machte.
Während Sie sich in das Mandala von der »Insel der Männer« vertiefen, können Sie Ihren »männlichen« Tugenden nachspüren: Wie viel Pioniergeist, Hartnäckigkeit, unkonventionelles Denken, Abenteuermut und unbestechlichen Blick für Tatsachen entdecken Sie in sich?

Relief in Mandalaform, geschnitzte Verzierung in einer Holzschüssel von den Marquesas Inseln, Französisch-Polynesien ▶

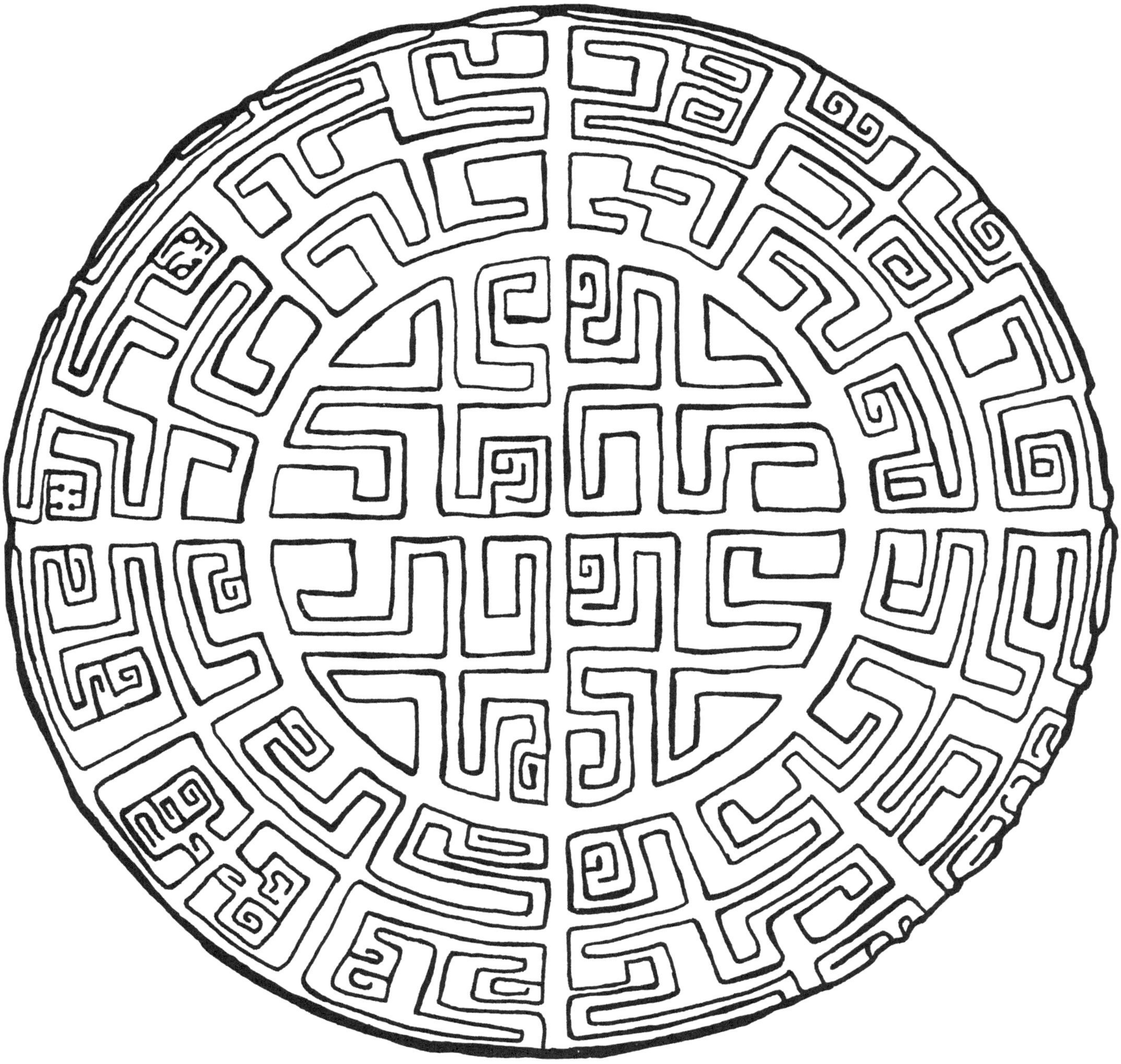

Die Stille der Dinge

Dinge.
Indem ich das ausspreche (hören Sie?)
entsteht eine Stille; die Stille, die um die Dinge ist.
Alle Bewegung legt sich, wird Kontur,
und aus vergangener und künftiger Zeit
schließt sich ein Dauerndes:
der Raum, die große Beruhigung
der zu nichts gedrängten Dinge.

Rainer Maria Rilke

Mandalas werden aus der Stille geboren. Allerdings wäre es zu kurz gegriffen, sich dem Mandalamalen nur deshalb zuzuwenden, weil man damit innerlich zur Ruhe kommt und ein Gegengewicht zum hektischen Alltag gewinnt. Die großen Seelenkundigen aller spirituellen Traditionen wussten immer, dass Stille und innere Ruhe die Voraussetzung sind, um das Selbst zu wecken. Die eigentliche Übung beim Gestalten eines Mandalas liegt darin, aus der Stille heraus ein kontemplatives Bewusstsein für die eigene Mitte zu gewinnen. Ein so lebhaftes Mandala wie diese filigrane persische Edelmetallarbeit scheint zunächst nicht zu einem kontemplativen Prozess zu passen. Beim Ausmalen merkt man aber, zu welcher Konzentration es nötigt. Nach und nach verschwinden die äußeren Ablenkungen und man wechselt hinüber in absichtlose Aufmerksamkeit. Bald bemerkt man staunend, wie viel Schönheit und Tiefe in dem Gewirr an Konturen verborgen ist. Die große Kontur wird sichtbar, der Raum des Geistes und der Ganzheit schaut Sie an – ganz einfach durch die »große Beruhigung der zu nichts gedrängten Dinge«.

Mittelstück eines Schmuckanhängers aus durchbrochenem Edelmetall, Persien ▶

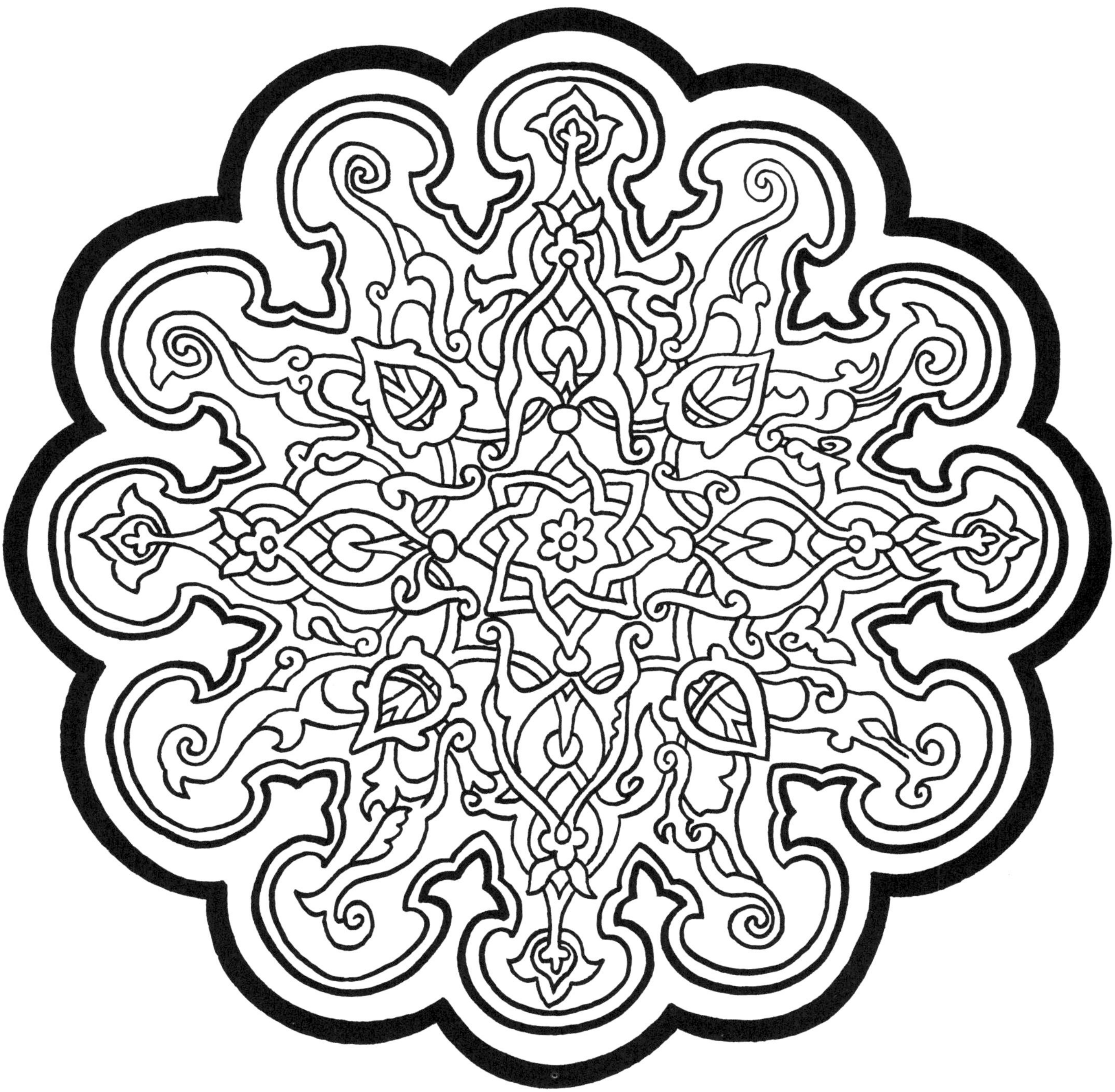

Der Kalenderstein

Im Zentrum unseres Seins
verbergen wir alles, was unser Herz liebt
und was wir als großen Schatz ehren ...
Aztekisches Fragment

Der berühmte astronomische Sonnenstein wurde 1790 bei Bauarbeiten unter dem Straßenpflaster in Mexiko-Stadt gefunden, das auf den Trümmern der alten Aztekenhauptstadt Tenochtitlán errichtet worden war. Der aztekische Name der Kultscheibe lautet »Tonal Machyotl«. Der sechste Aztekenherrscher Axayácatl hatte sie 1479 im Tempel der Sonnenpyramide Teokali aufstellen lassen.
In der Mitte der Scheibe erkennt man das Haupt des Sonnengottes Tonatiuh, der blutige Ritualopfer forderte. Die Pfeilspitze über seinem Kopf ist der Datumsanzeiger. In den vier Tafeln, die ihn umkreisen, werden vier untergegangene Weltalter erinnert: Die Sonne der Jaguare, der Winde, des Feuers und des Wassers. Neben den beiden Klauen links und rechts am Kopf des Sonnengottes stellen kleine Kreise das fünfte Zeitalter dar, die Sonne der Bewegung. Diese Epoche fiel mit der spanischen Eroberung Lateinamerikas und dem gewaltsamen Ende des Aztekenreiches zusammen. Der zweite Kreis besteht aus 20 Symbolen des 260-tägigen Aztekenkalenders. Er ist umgeben von einem schmalen Ring mit Sonnenzacken. Den Außenkreis schließen zwei Feuerschlangen ab, die den ewigen Kampf zwischen Licht und Dunkelheit im Universum symbolisieren.
Ein herausforderndes Mandala, mit dem man den Fluss der Zeiten mit ihrem Werden und Vergehen großer Reiche meditieren kann.

Aztekischer Kalenderstein aus Basalt, Gewicht etwa 30 Tonnen, 3,6 Meter Durchmesser, 1479, Anthropologisches Nationalmuseum Mexiko-Stadt, Mexiko ▶

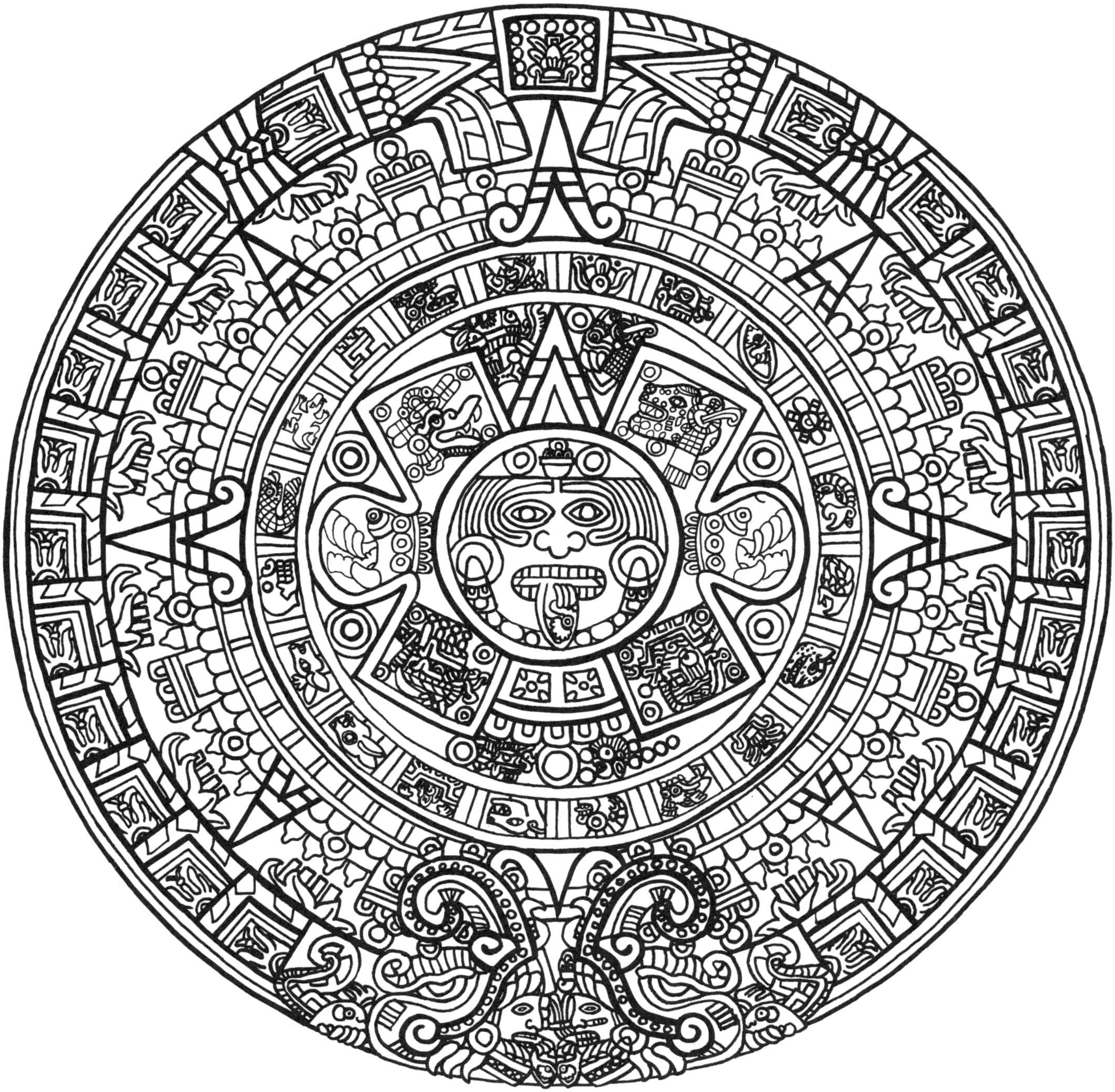

Die goldene Kugel

Da sagten darauf die Tiere:
Solchen, die denken wie wir,
tanzen alle Dinge selber:
das kommt und reicht sich die Hand
und lacht und flieht – und kommt zurück.
Alles geht, alles kommt zurück;
ewig rollt das Rad des Seins …
In jedem Nu beginnt das Sein;
um jedes »Hier« rollt sich die Kugel »Dort«.
Die Mitte ist überall.
Krumm ist der Pfad der Ewigkeit.

Friedrich Nietzsche, Also sprach Zarathustra

Erst der Blick durch ein Mikroskop konnte dieses kleinste Mandala aufspüren: Die Rosetten-Goldkugel. So wird eine gallertlose Algenkolonie aus bis zu 80 einzelnen Zellen genannt, die jeweils nur etwa 20 µm groß sind. Ihr natürlicher Lebensraum sind Tümpel oder Talsperren. Die Gemeinschaftsbildung ist immer ein Zeichen von günstigen Umständen im Lebensraum der Zellen; sobald sie sich verschlechtern, löst sich die Kolonie wieder auf. Dank der starken Vergrößerung sind hier auch deutlich die ein bis zwei goldgelben Chloroplasten im Innern jeder Zelle zu sehen. Jede Zelle hat zudem zwei lange Geißelfäden, die einen flirrenden Strahlenkranz um die Goldkugel bilden. Sie ist eine im Wasser tanzende Pflanze oder ein sich selbstständig bewegendes Mandala, das zwischen Gemeinschaft und Alleinsein hin und her fließt.

Zeichnung nach einer Mikroskopaufnahme der Synura uvella,
Stamm Chrysophyta (Gelbalgen), Klasse Chrysophyceae (Goldalgen) ▶

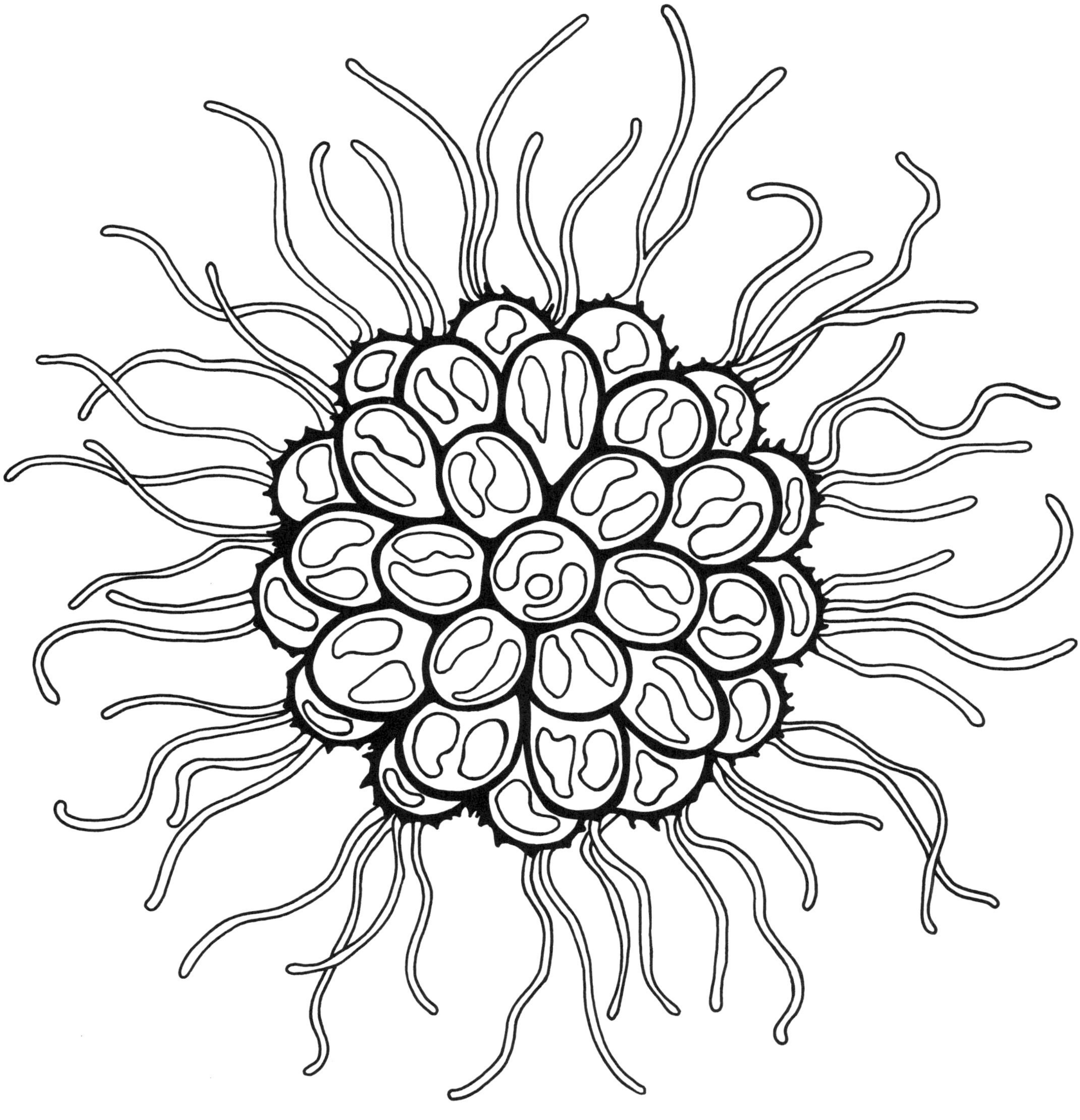

Die elf Zeichen

In Gott ist alles eingefaltet, was ist.
Gott ist die Entfaltung von allem.
Er ist so in allen Dingen,
dass alle Dinge in ihm sind.

Nikolaus von Kues

Die Kathedrale von Troia ist eine in der ersten Hälfte des 13. Jahrhunderts umgebaute romanische Kirche. An dem in vieler Hinsicht ungewöhnlichen Rosenfenster fällt auf, dass die Rosette aus elf sich überschneidenden Bögen besteht, welche wiederum auf elf schlanken Säulen ruhen. Die zweite Auffälligkeit findet sich in den elf Füllungen zwischen den Säulen. Sie wurden als zierliche Steingitter gestaltet, von denen keines dem anderen gleicht. Die Architektur lässt Erinnerungen an maurische Paläste wach werden.

Hier dominiert also die Zahl Elf, die sonst in der gotischen Zahlensymbolik gemieden wird: Die Elf ist zwischen den heiligen »vollständigen« Zahlen Zwölf und Zehn immer eines zu wenig oder eines zu viel. Vielleicht ist die Elf an einer Kirche eine Mahnung zur Treue in schweren Zeiten: Elf Apostel blieben Jesus treu, einer verriet ihn. Möglicherweise sollte die Elf auch die Gläubigen daran erinnern, dass es »kurz vor Zwölf« ist, denn zur Bauzeit des Fensters rechnete man in Europa mit dem möglichen Weltuntergang und die Zwölf stand symbolisch für das Jüngste Gericht.

So lädt die Elf dazu ein, die Zeichen der Zeit zu erkennen und sich auf Gott zu besinnen, um doch noch eine Wende zum Guten herbeizuführen. In diesem Zusammenhang könnte der sechsstrahlige Stern im Zentrum daran erinnern, dass Jesus am sechsten Tag der Woche zur sechsten Stunde gekreuzigt wurde.

Rundfenster der Kathedrale von Troia, Apulien, Italien, 1. Hälfte des 13. Jahrhunderts ▶

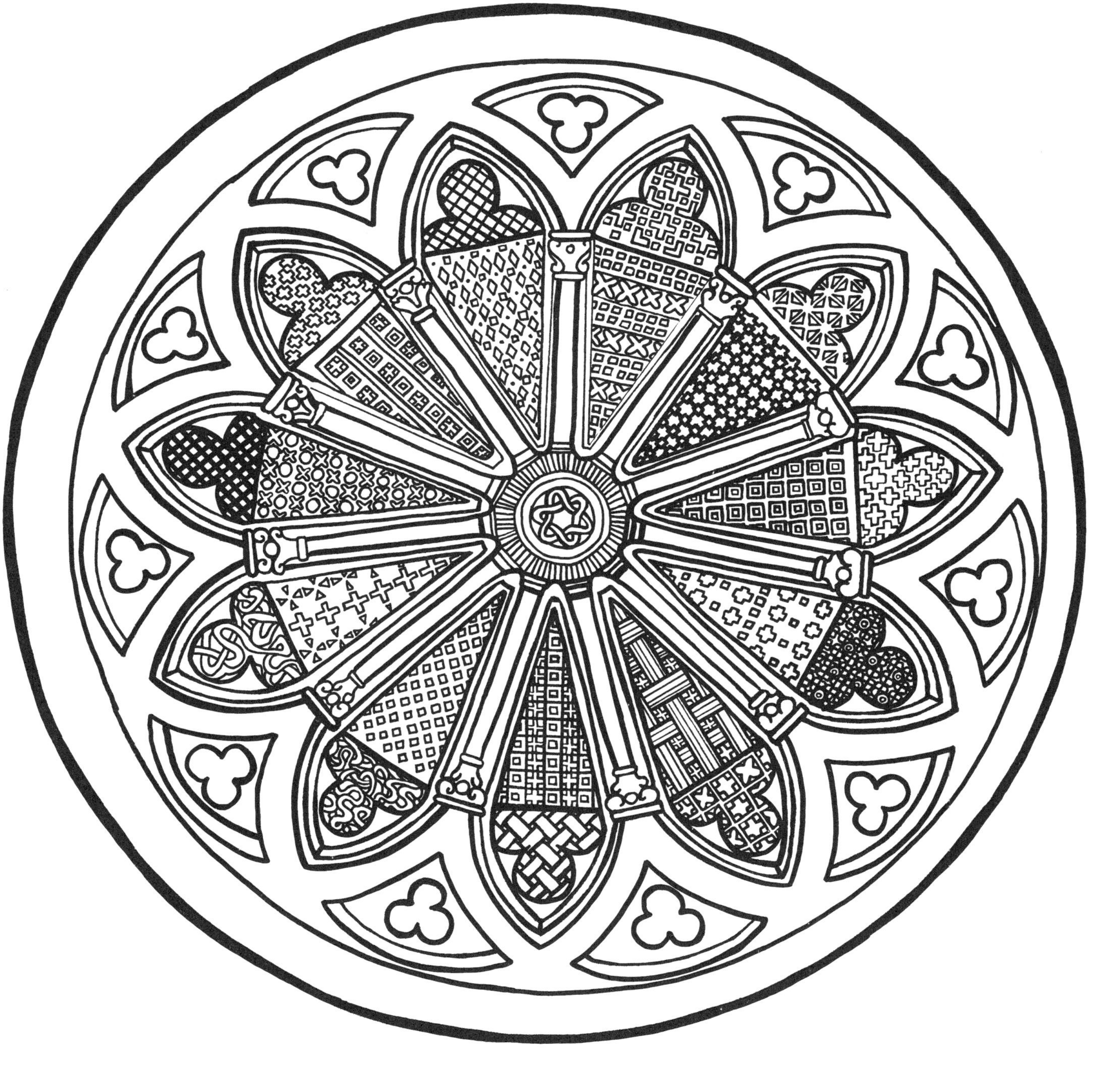

Der Kreis der kleinen Schlange

Die Ewigkeit ist wie ein Kreis
Der in sich selber gehet,
ist eine Schlange, die mit Fleiß
auf sich gewunden stehet.
Ist wie ein Rad, das fort und fort
um seine Well sich schwinget,
und doch nicht einen Ruck zum Port,
so lang sie währet, bringet.

Johann Wolfgang von Goethe

Diese zusammengerollte Schlange – ein vielschichtiges Motiv – symbolisiert unser instinktives Wesen und wird darum mit negativen und positiven Aspekten verknüpft. Negativ kann sie List, Versuchung, sexuelle Verstrickung, Angst, das bedrohlich Unbewusste, Tod und Teufel verkörpern. Andererseits steht sie auch für Gutes: Wandlung, Wiedergeburt, Einklang mit der eigenen Sexualität, Versöhnung der inneren Gegensätze, Einheit von Materiellem und Spirituellem.
Je komplexer etwas ist, desto mehr entlastet eine einfache sinnbildliche Darstellung. Besonders, wenn sie wie dieses Schlangen-Mandala so freundlich Raum bietet für eine behutsame Auseinandersetzung mit der eigenen Vielschichtigkeit.
Vielleicht möchten Sie diesem Aspekt durch die Vielfarbigkeit des Regenbogens Ausdruck verleihen? In den mythologischen »Traumzeitgeschichten« der nordaustralischen Aborigines ist von einer Regenbogenschlange am Anfang der Zeit die Rede. Sie ist die Herrin über das kostbare Wasser und wird als mächtige Schöpferin des Lebens und Symbol für einen Neubeginn verehrt.

Schlangenkreis in einer Höhle in Italien, prähistorische Malerei ▶

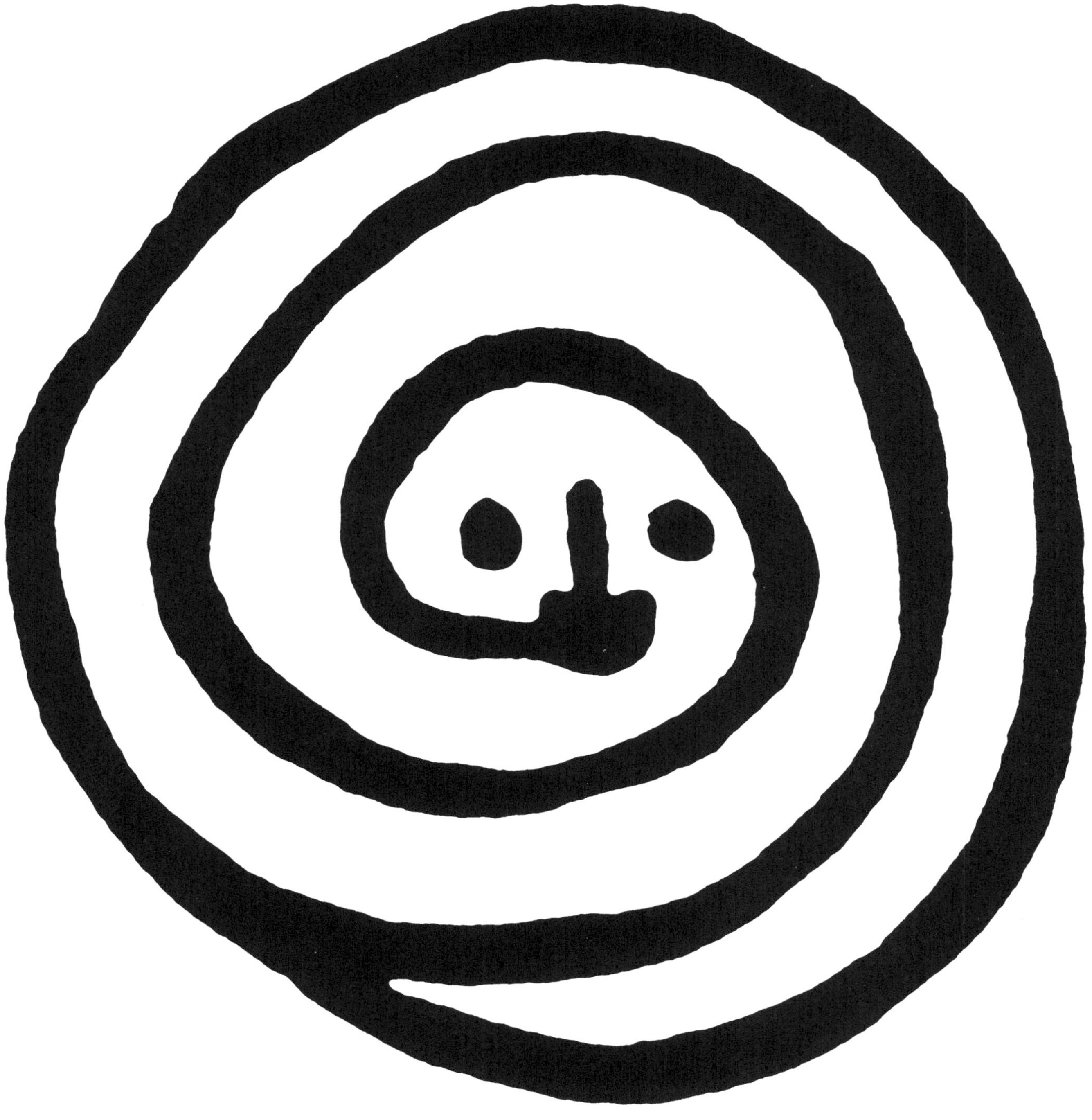

Das Kaleidoskop der Zeit

Jederzeit ist Alles da und an Ort und Stelle, eben als wenn Alles unvergänglich wäre. Jederzeit grünt und blüht die Pflanze, schwirrt das Insekt, steht Tier und Mensch in unverwüstlicher Jugend da, und die schon tausend Mal genossenen Kirschen haben wir jeden Sommer wieder vor uns …
Denn die Geschichte ist wie das Kaleidoskop, welches bei jeder Wendung eine neue Konfiguration zeigt, während wir eigentlich immer das Selbe vor Augen haben.
Was also dringt sich unwiderstehlicher auf, als der Gedanke, dass jenes Entstehen und Vergehen nicht das eigentliche Wesen der Dinge treffe, sondern dieses davon unberührt bleibe, also unvergänglich sei, daher denn Alles und Jedes, was da sein will, wirklich fortwährend und ohne Ende da ist.

Arthur Schopenhauer, Die Welt als Wille und Vorstellung

Dieses Mandala zaubert im Original einen subtilen Reigen an Farben herbei: Es zeigt eine Momentaufnahme aus einem modernen Kaleidoskop. Die bunten Glasteilchen schimmern bei Lichteinfall um die Wette: Schneeweiß, Puderrosa, Brombeerrot, Veilchenlila, Magenta, Strohgelb, Maisgelb, Indigoblau und Türkis.
Woher diese Farbenlust? Seit sie als Kind mit ihren ersten Wachsmalkreiden experimentierte, liebt die Künstlerin Janice Chesnik das Spiel mit »geschmolzenen« Farben. Noch mehr liebt sie es aber, zu beobachten, was passiert, wenn Menschen durch ihre Kaleidoskope schauen: »Das Lächeln und Entzücken auf ihren Gesichtern motiviert mich immer wieder neu. Menschen sind selbst wie Kaleidoskope – pure Freude!«

Zeichnung nach einer Fotografie durch ein Rad-Kaleidoskop von Janice Chesnik, Kalifornien, USA, um 1980 ▶

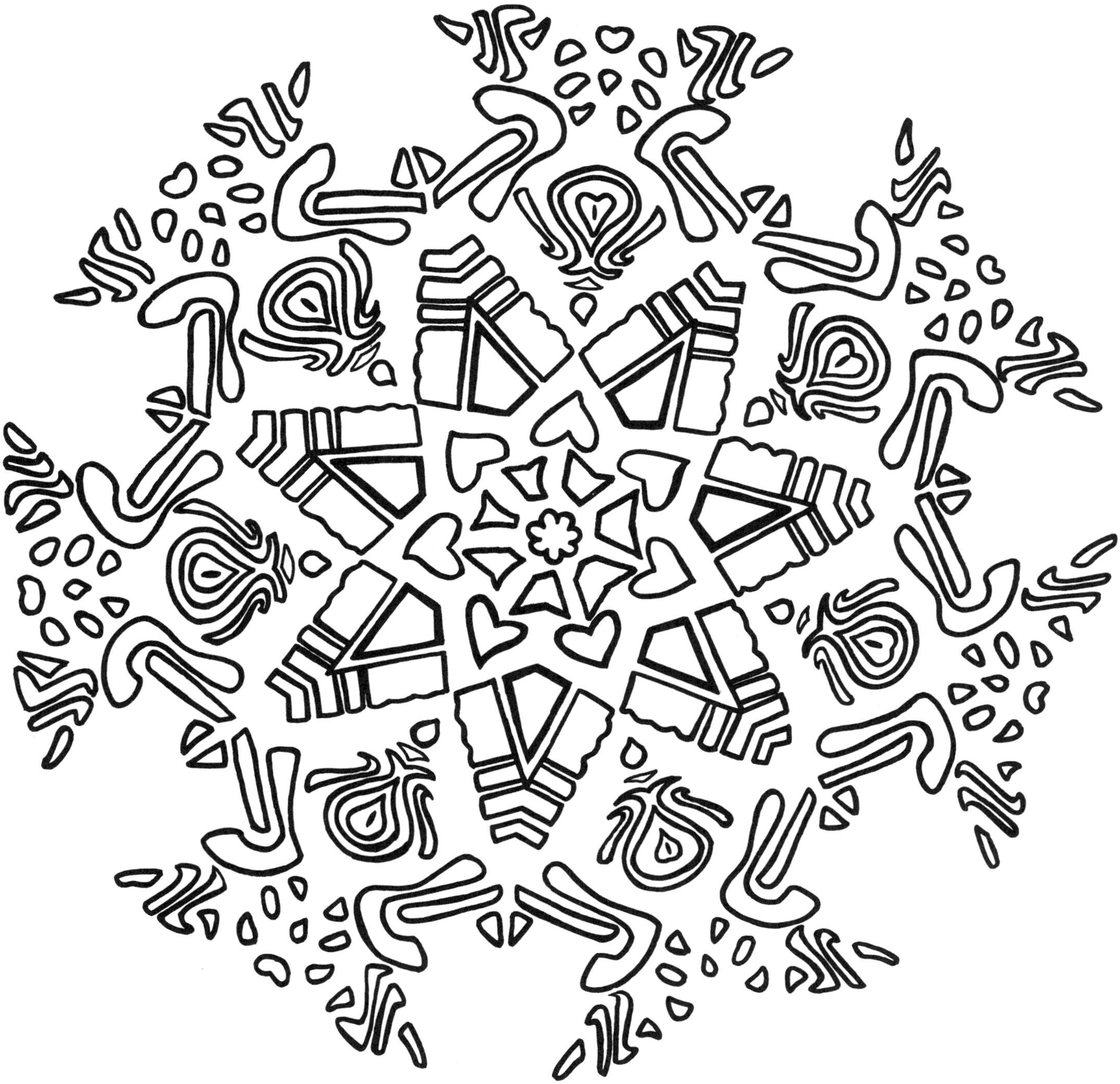

Das bunte Universum

Die Farbe ist der Ort,
wo unser Gehirn und das Weltall
sich begegnen.

Paul Cézanne

Die bunten Rosenfenster der mittelalterlichen Kathedralen hatten eine großartige Aufgabe: Ähnlich wie die Netzhaut eines menschlichen Auges nahmen sie Licht in sich auf, um es dann, durch das bunte Glas gebrochen, in die köstlichsten Farbtöne zu verwandeln. Sie spiegelten die Farbenpracht der Außenwelt in die Kirche als sinnbildlichen Innenraum des Geistes hinein. Weltengeist und menschliches Bewusstsein begegneten sich im Spiel der Farben, um einander zu feiern.
Das Weltall ist ein Prisma unseres Bewusstseins. Ob Rosenfenster, Mikroskop oder Teleskop, immer betrachtet das Universum seine Schönheit durch unser Auge: Es schmückt sich mit den blau schillernden Federn eines Pfaus, dem Schlammgrau der Nilpferdhaut, dem roséfarbenen Schimmer des Rosenquarzes, den schwarzbraun polierten Flügeln eines Hirschkäfers, dem satten Orangegelb eines Kürbisses, dem samtweichen Violett eines Veilchens. Es verströmt sich in Abertausenden von Farbtönen, die unser Gehirn aufzufangen und auf geheimnisvolle Weise zu deuten versteht.
Genießen Sie beim Ausmalen das Weltall und seinen Reichtum im Glanz der Farben!

Rosenfenster der Stiftskirche Notre Dame in Vernon nahe Giverny, Normandie, Frankreich, Wende vom 14. zum 15. Jahrhundert ▶

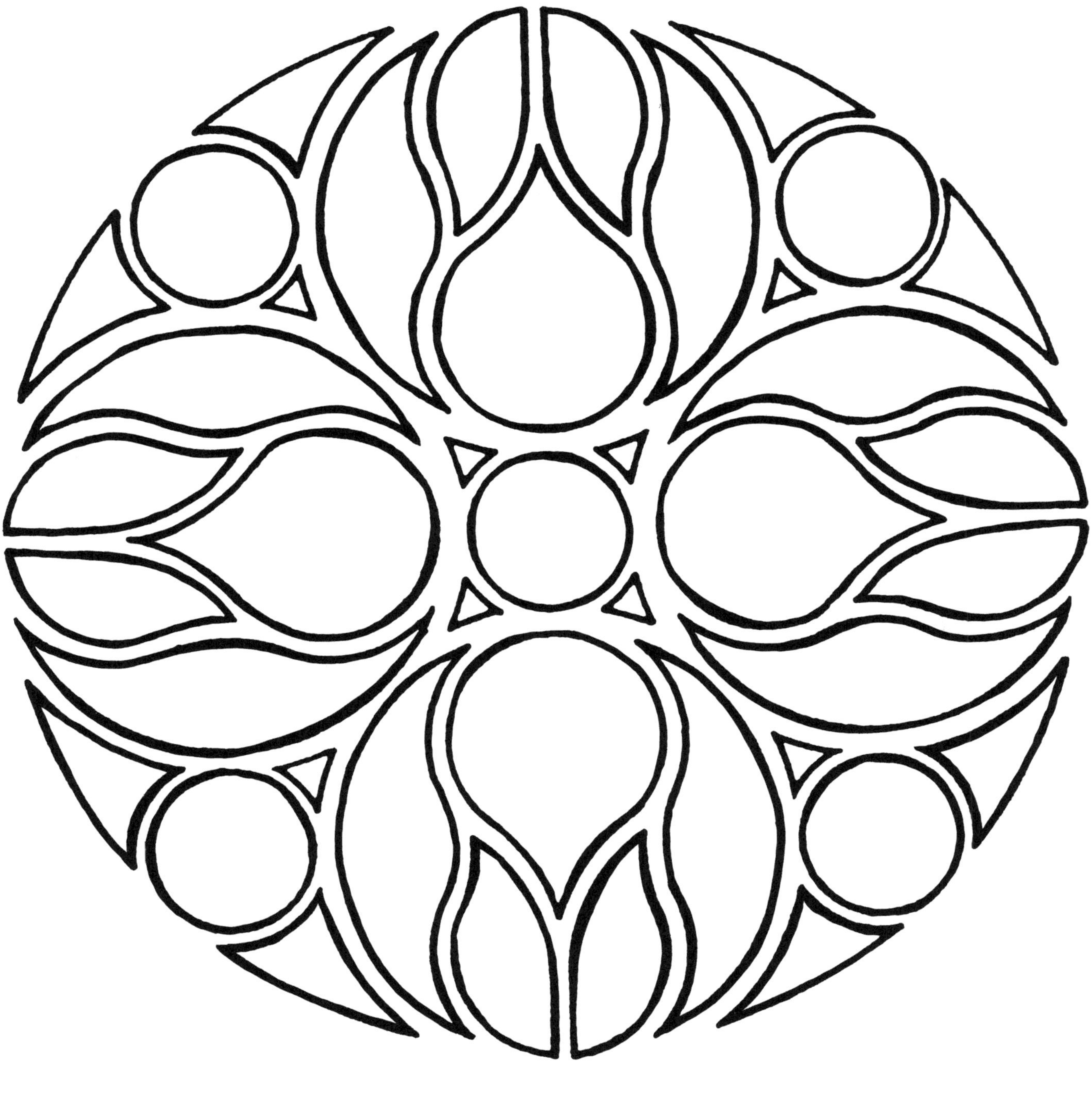

Die Karawane der Liebe

Es gab eine Zeit, da wies ich meinen Nächsten zurück,
wenn sein Glaube nicht der Meine war.
Heute ist mein Herz Herberge für alle Religionen:
Weide für Gazellen und Kloster für Christenmönche,
Tempel für Götzenbilder und Kaaba für Pilger,
es ist Gefäß für die Tafeln der Thora
und die Verse des Koran.
Denn meine Religion ist die Liebe,
und wohin auch immer ihre Karawane zieht,
dort ist auch mein Weg.
Denn die Liebe ist mein Bekenntnis und mein Glaube.

Ibn al-Arabi

Die spanischen Mauren befolgten bei der Farbgebung ihrer zauberhaften Ornamente in der Alhambra ein paar klare Regeln: Bei den oberen Ornamenten sind nur die drei Grundfarben Blau, Rot und Gelb vertreten, abgesehen von Gold, das zuweilen das Gelb ersetzt. Erst bei den unteren Ornamenten finden sich auch sekundäre und selbst tertiäre Farben. Damit sie nicht zusammenstießen, wurden die gleichen bei ebenen Flächen durch das neutrale Weiß getrennt, bei modellierten Flächen bewirkte der Schatten die Trennung. Leuchtendes Rot wurde immer nur für die tiefer liegende Grundfläche verwendet. Dort füllt es nur relativ kleine, unzusammenhängende Flächen aus und sorgt für Tiefe. Zugleich liegt es so gewissermaßen im Schatten, was seine Wirkung dämpft und das Gelb oder Gold an den oberen Ornamentflächen aufleuchten lässt.

Maurisches Stuckornament, Quadrat zum Abschluss eines umlaufenden Inschriftenbandes,
Alhambra, Granada, Spanien, 14. Jahrhundert ▶

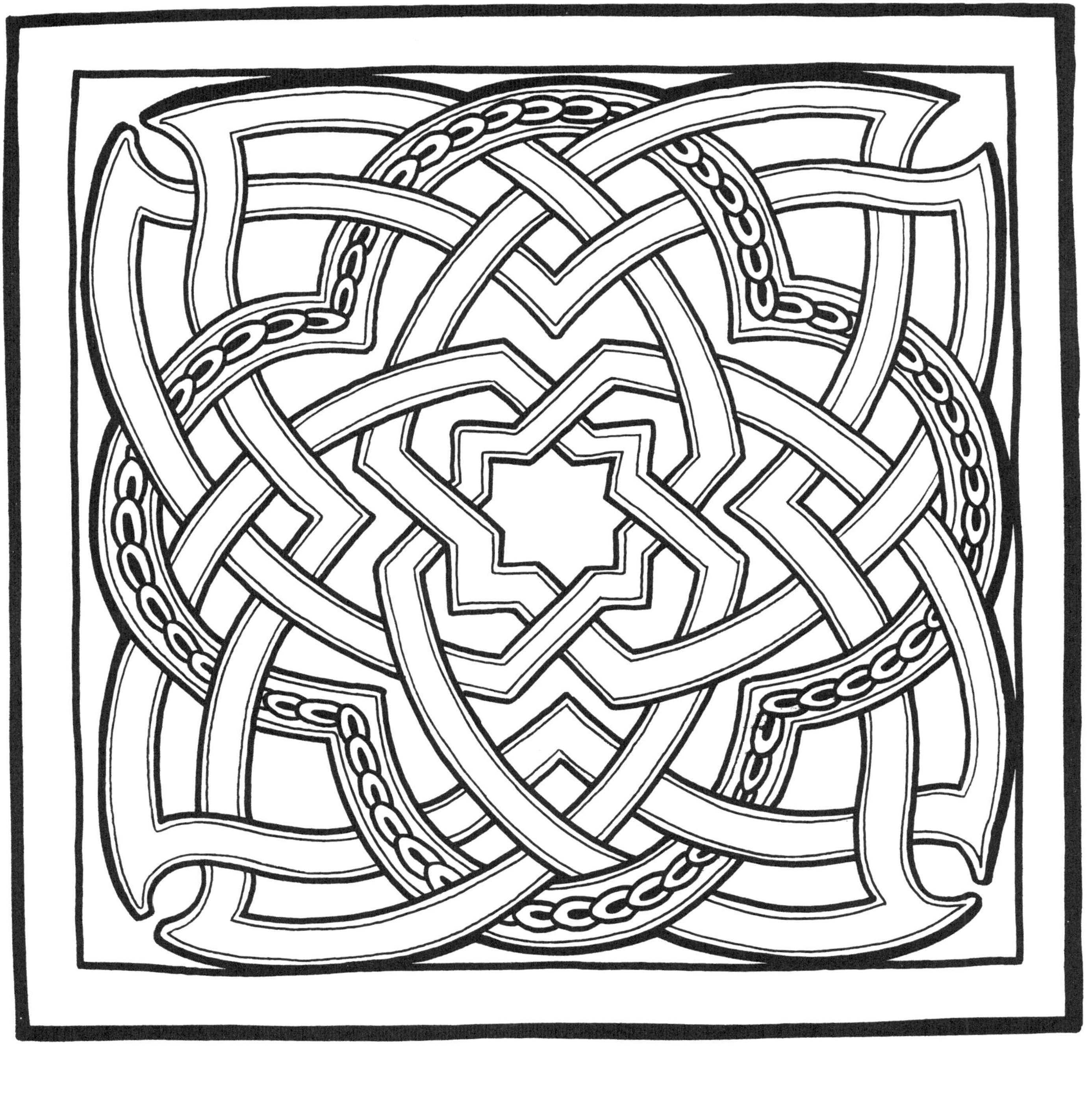

Der Ring der Wiederkehr

Mir ist, als wär' ich jetzt zugleich
Kind, Knab und Mann und mehr.
Ich fühle: nur der Ring ist reich
durch seine Wiederkehr.
Ich danke dir, du tiefe Kraft,
die immer leiser mit mir schafft
wie hinter vielen Wänden;
jetzt ward mir erst der Werktag schlicht
und wie ein heiliges Gesicht
zu meinen dunklen Händen.

Rainer Maria Rilke

Das Zentrum dieses Motivs von der Insel New Ireland, Papua-Neuguinea, ist wie eine schwarze Iris mit weißer Pupille gestaltet. Der Blick des Betrachters wird in die Mitte gezogen, die Energie ist klar zentriert und gibt dennoch starke Wachstumskräfte ab bis an den äußeren Rand der konzentrischen Kreise. Unterstrichen wird das durch die zentralen vier »Doppel-Pfeile«, die ihre Impulse in vier Richtungen hinaussenden. So entsteht der Eindruck bewegter Ruhe oder ruhiger Bewegung. Mandalas wie dieses laden zu biografischer Wahrnehmung geradezu ein. Wiederkehr bedeutet ja keineswegs nur bloße Wiederholung. Sie markiert auch Verlässlichkeit, Beständigkeit und Zuwachs. Eine tiefe Kraft gewinnt man durch ein dankbares Bewusstsein dafür, welche natürlichen Wachstumszyklen man durchschritten hat. Vielleicht haben Sie Lust, dem Reichtum der vielfältigen Wiederkehr in Ihrem Leben mit intensiven Farben ein »heiliges Gesicht« zu geben.

Motiv aus Kavieng, Volkskunst, New Ireland, Papua-Neuguinea ▶

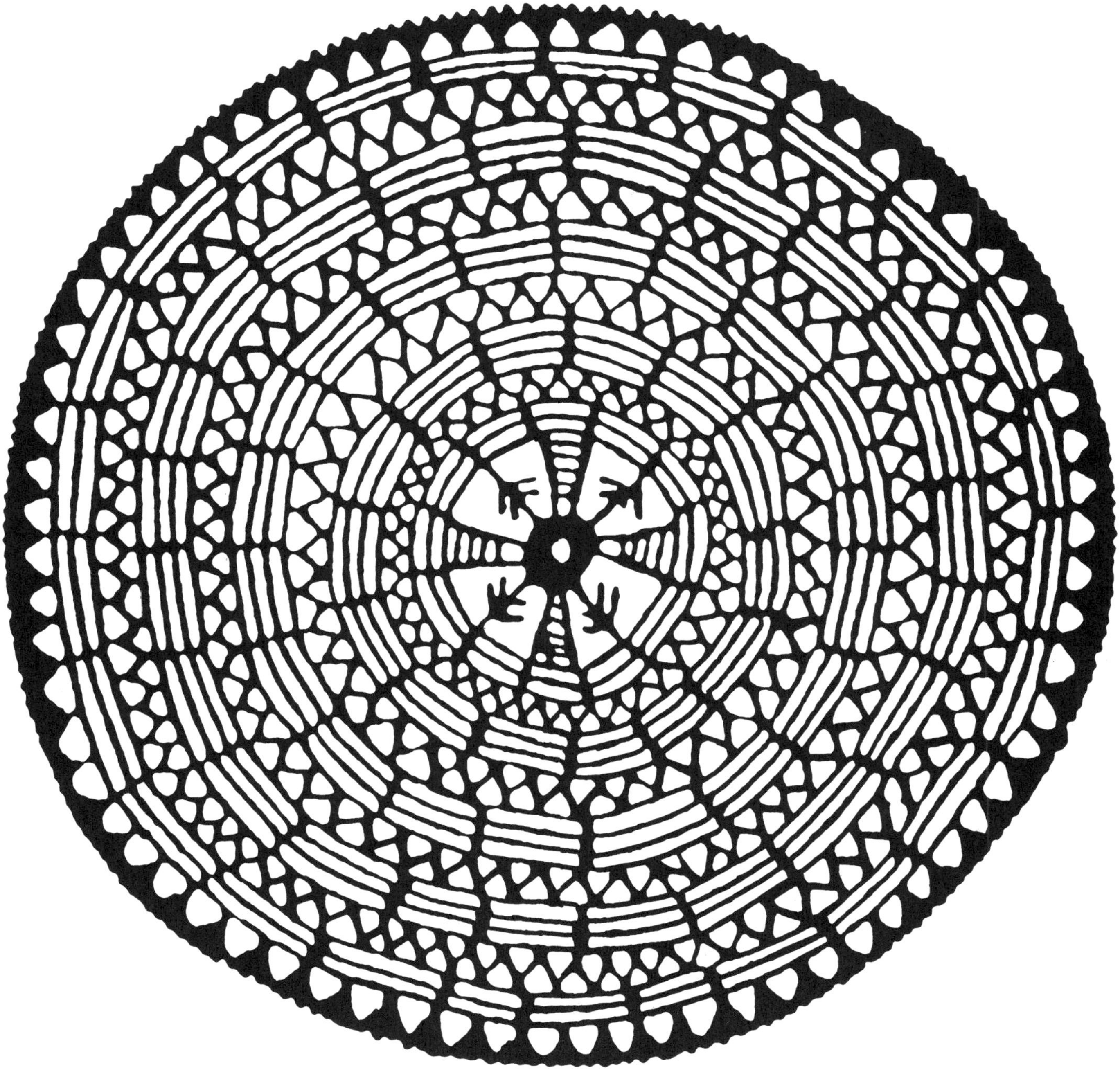

Die Sterne des Alchemisten

Ich war ein Alchemist.
Ich dachte Tag und Stunden
Auf eine neue Kunst, des Todes frei zu sein.
Doch, was ich stets gesucht, das hab ich nicht gefunden,
und was ich nicht gesucht, das stellte sich von selber ein.

Christian Hofmann von Hofmannswaldau

Johann Conrad Barchusen, ein Chemieprofessor in Leiden, dokumentierte 1718 mit Hilfe eines Kupferstechers alchemistische Vorstellungen, die er in einer alten Handschrift gefunden hatte. Der Gelehrte sah sich selbst nicht als Alchemist, wollte aber das alte Wissen vom »Werk der großen Wandlung« nicht verloren gehen sehen.
Eine dieser Tafeln zeigt den hier abgebildeten Sternenkreis des Alchemisten.
Die Inschrift im Mittelkreis lautet »Prima Materia«. Damit wird in der Alchemie die geheimnisvolle Ursubstanz bezeichnet, die zur Herstellung des berühmten philosophischen Steins der Weisen oder von Gold benötigt wird. Hier besteht sie aus den vier Urelementen, die in vier Ringe angedeutet sind (von innen nach außen): Luft, Wasser, Erde und Feuer. Aus der Prima Materia entspringt der Sternenkreis der gesamten Schöpfung. Hier wird er symbolisiert durch sieben Gestirne und die ihnen zugeordneten Metalle (im Uhrzeigersinn oben links beginnend): Mond/Silber, Saturn/Blei, Jupiter/Zinn, Mars/Eisen, Sonne/Gold, Venus/Kupfer und Merkur/Quecksilber.
In Zeiten innerer wie äußerer Veränderungen kann der Sternenkreis Sie freundlich an Ihr wandlungsfähiges Selbst erinnern.

Johann Conrad Barchusen, Elementa Chemiae, quibus subincta est confectura lapidis philosophici imaginibus repraesentata, Leiden, 1718, Kantonsbibliothek Vadiana St. Gallen, Schweiz ▶

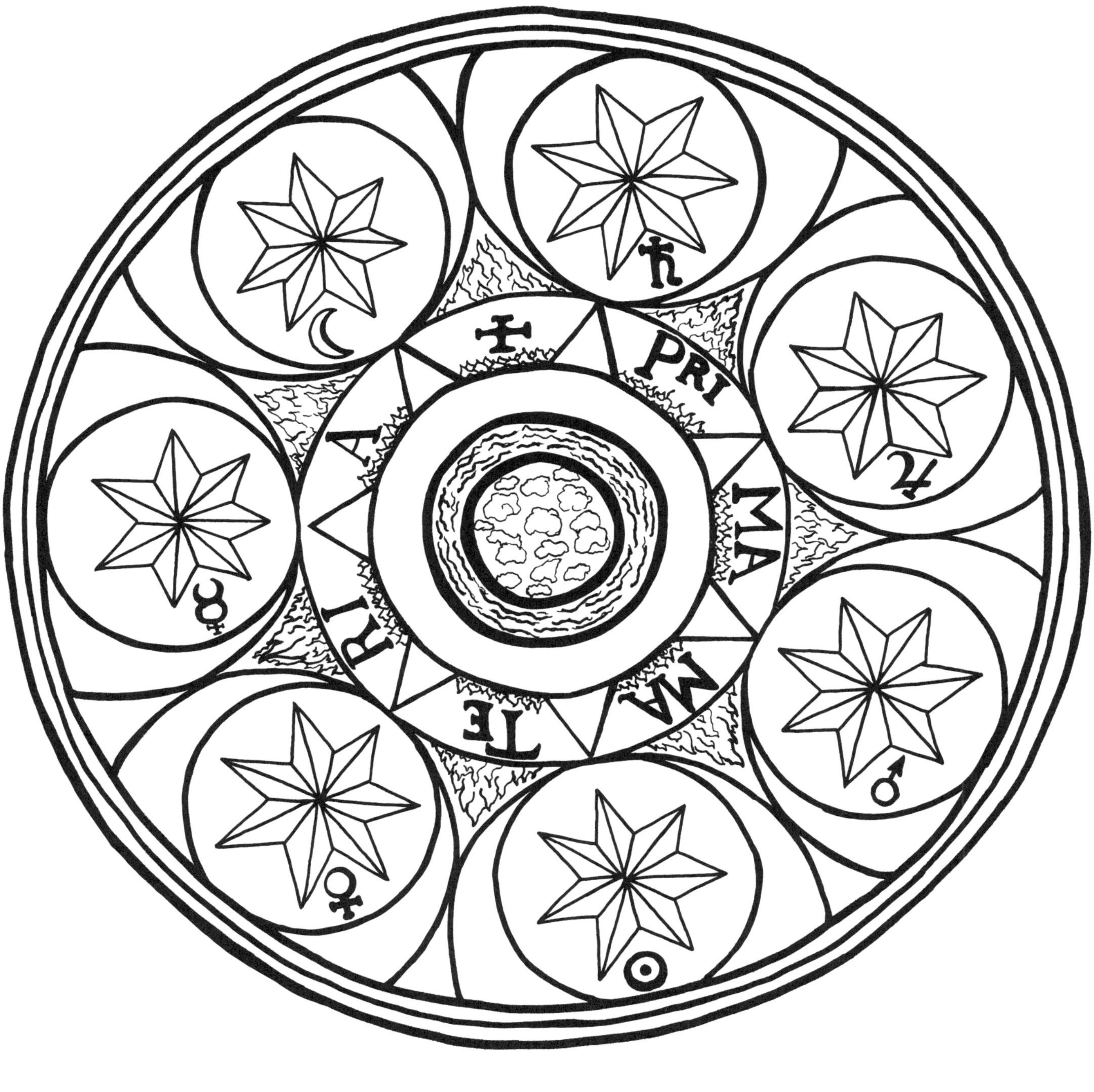
PRI
MA
MA
TE
RI
A

Skandinavischer Wirbel

Die Natur der Grenzenlosigkeit ist die, dass ein jedes Ding seinen eigenen Wirbel hat. Und ist einmal ein Reisender durch die Ewigkeit durch einen solchen Wirbel durch, dann sieht er, wie sich dieser hinter ihm zu einer Sonne faltet oder einem Mond oder einem Universum von sternengleicher Erhabenheit.

William Blake

In manchen Lebensphasen scheinen sich die Probleme zu häufen. Wenn man dann auch noch das Gefühl hat, von den äußeren Umständen »herumgewirbelt« zu werden, fühlt man sich schnell als hilfloses Opfer. Dabei geht es gerade in turbulenten Zeiten darum, sich bewusst zu machen, dass es auch unter Druck immer noch Möglichkeiten gibt, das eigene Schicksal durch wohlbedachte Entscheidungen mitzugestalten. In einer solchen Haltung kann man die unvorhersehbaren Wendungen im Leben besser annehmen und behält trotz der Herausforderungen seine Freiheit und menschliche Würde. Dabei kann sich auch der eine oder andere Wirbel im Rückblick als glückliche Fügung erweisen, weil er half, die bisherigen Grenzen zu sprengen.

Keltisch anmutendes Spiraldekor der Wikingerzeit, Skandinavien ▶

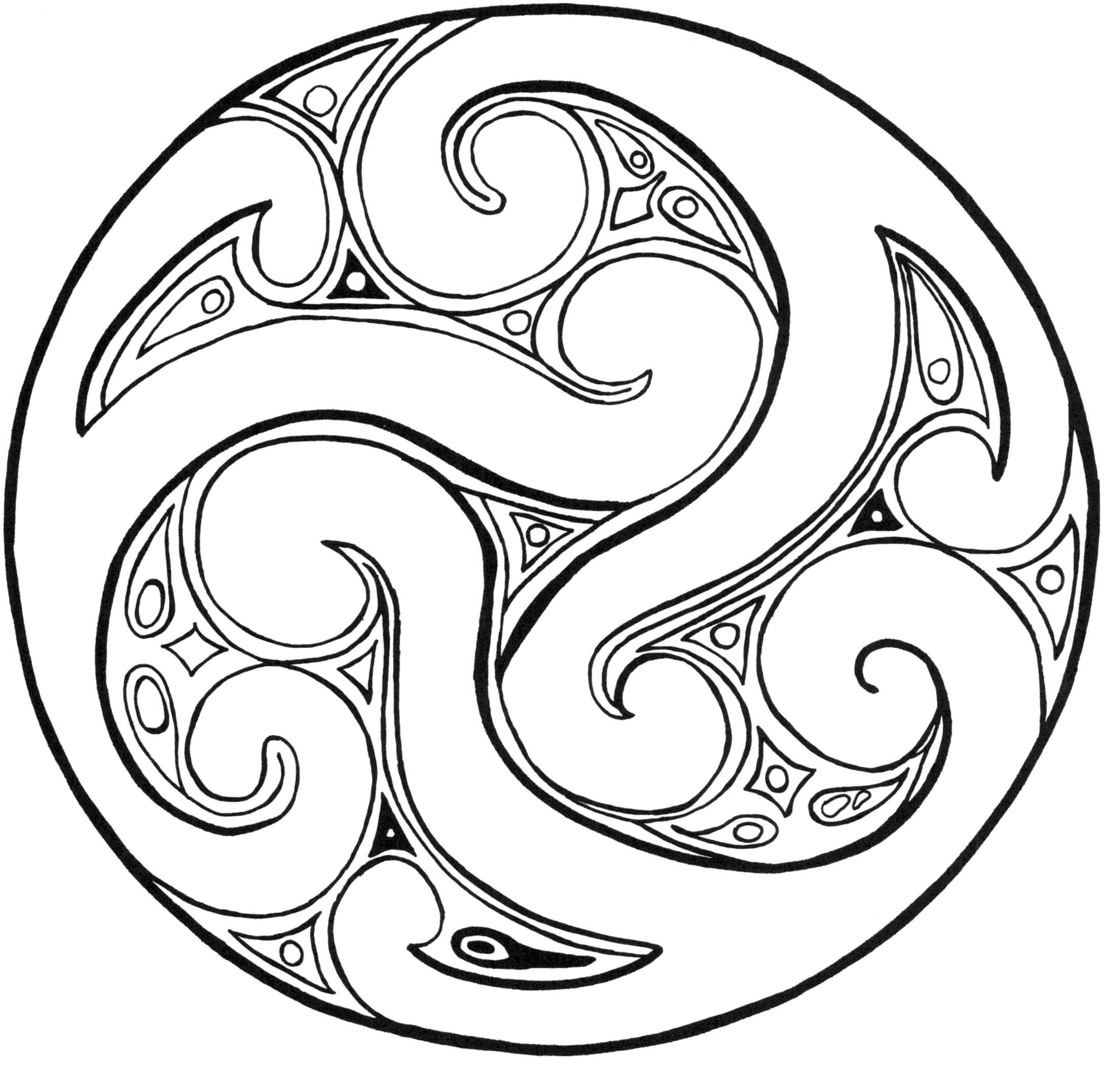

Der Lotus von Ninive

Wir sollen unser Sein als etwas Bedürftiges und Unvollendetes ansehen, als eine Leere, die der Erfüllung bedarf, wie die Grundierung eines Malers, die auf die lebendigen, abschließenden Farben wartet.

Pierre de Bérulle

Im Jahr 1845 erlebte die Archäologie eine ihrer größten Sternstunden. Der Brite Henry Layard fand schon beim ersten Spatenstich auf dem Tell Kujundschik Überreste der gewaltigen Paläste von Ninive. Hier lebte der mächtige assyrische König Assurbanipal, Herr über das erste Großreich der Weltgeschichte. In seinem Palastarchiv wurde auch die größte Urkundensammlung der Antike gefunden: 22 000 Keilschrifttafeln, darunter das Gilgamesch-Epos, die im Britischen Museum in London archiviert sind.

Das durch kriegerische Eroberungen entstandene neuassyrische Reich Assurbanipals ist längst zerfallen. Geblieben sind die friedlichen Zeugnisse der kulturellen Leistungen seiner Zeit. Wie eine Lotusblüte erheben sie sich aus dem dunklen Schlamm der Geschichte und warten darauf, dass ihnen das Auge des Betrachters ihre unzerstörbare Schönheit zurückspiegelt.

Dazu gehört auch diese ursprünglich unkolorierte Fußbodenplatte in der Form eines Lotus. Für Ornamente wie diese verwendeten die Assyrer häufig die Farben Blau, Rot und Gold. Es bleibt aber Ihnen überlassen, in welchen »lebendigen, abschließenden Farben« Sie dieses assyrische Kunstwerk zu neuem Leben erwecken möchten.

Lotusförmig behauene Fußbodenplatte, Palast des Königs Assurbanipal, Tell Kouyunjik, Ausgrabung Ninive, Mosul, Irak, um 670 vor Christus ▶

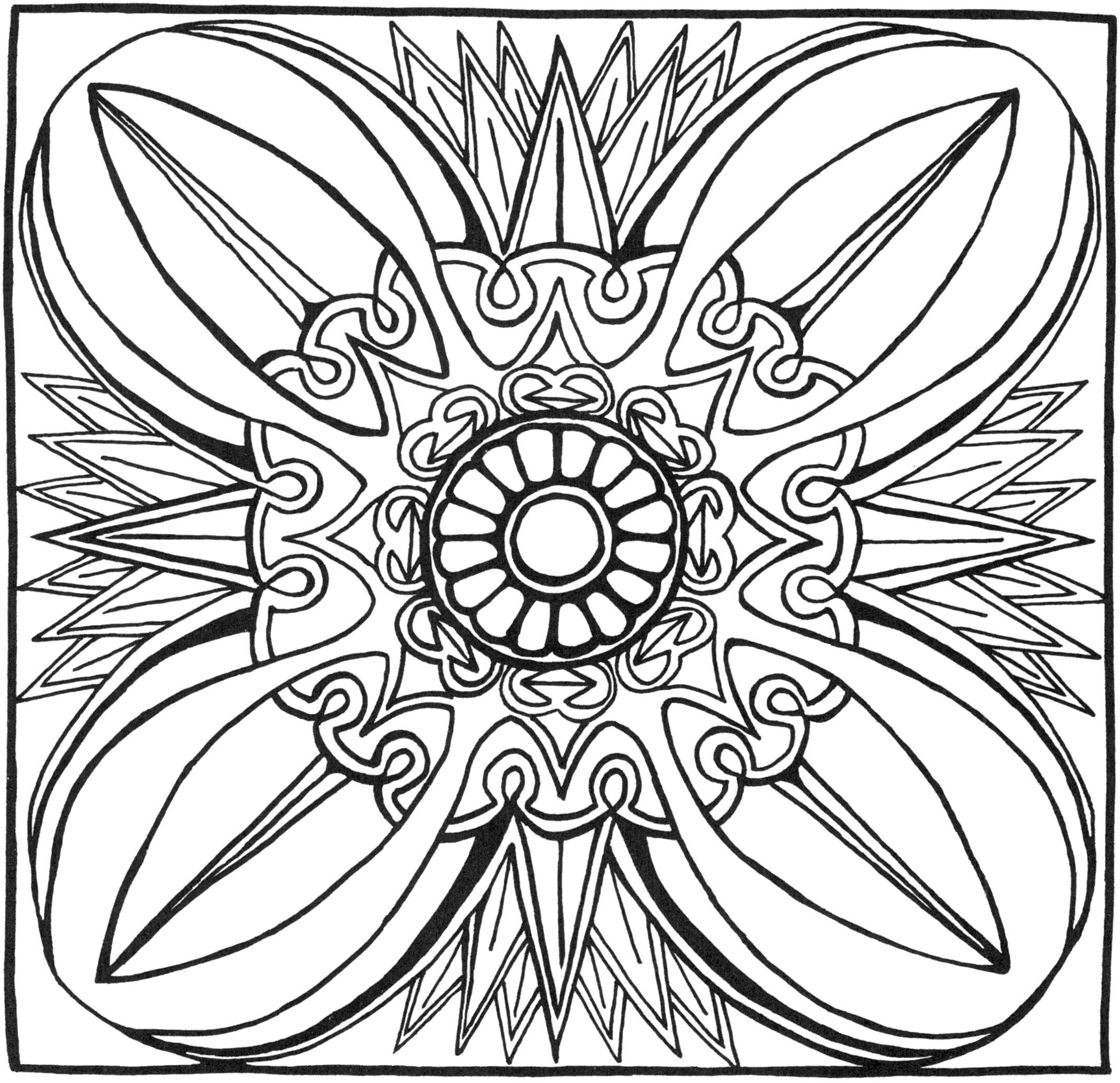

Das edle Zeichen

Die Chrysanthemen sind erblüht!
Flattert doch nieder, Schmetterlinge,
auf diese bunte Palette!

Ransetsu, einer der »zehn Weisen« Japans

Kōshitsu, das japanische Kaiserhaus, repräsentiert die älteste ununterbrochene Erbmonarchie der Welt. Traditionell steht allein dem Tenno – und leicht abgewandelt auch den Mitgliedern der kaiserlichen Familie – das Recht zu, das Kaiserliche Siegel, »Kiku no Gomon«, zu benutzen. Das »edle Zeichen der Chrysantheme« zeigt auf schwarzem Grund eine stilisierte gelbe Chrysantheme mit 16 Blütenblättern.
Das Siegel dient aber nicht nur als Familienwappen des Kaiserhauses. Ähnlich wie ein Staatswappen ziert es auch das Original der nationalen Verfassung und die Hüllen japanischer Pässe. Auch für Shintō-Schreine darf »Das edle Zeichen der Chrysantheme« in modifizierter Form als Teil ihres Siegels verwendet werden.
Gelb wird in Asien als Farbe der Sonne und des Lichtes von alters her als heilige Farbe betrachtet. Zugleich ist es Ausdruck der Macht: In China war es das Privileg der Kaiser, als Zeichen seiner sonnengleichen Würde gelbe Roben zu tragen.
Übrigens galten auch in Europa seit der Kaiserkrönung von Karl dem Großen im Jahre 800 die Farben Gelb und Schwarz als Hoheitszeichen: Das Wappen des deutschen Kaisers zierte ein schwarzer Adler auf goldgelbem Grund.
Mit diesem kaiserlichen Mandala können Sie ein »edles Zeichen der eigenen Souveränität« setzen. Sie entscheiden selbst, welche Farben sich wie Schmetterlinge auf die bunte Palette der kaiserlichen Blüte niederlassen dürfen.

Das kaiserliche Siegel Japans, Motiv auf der Hülle eines Reisepasses, Japan, 20. Jahrhundert ▶

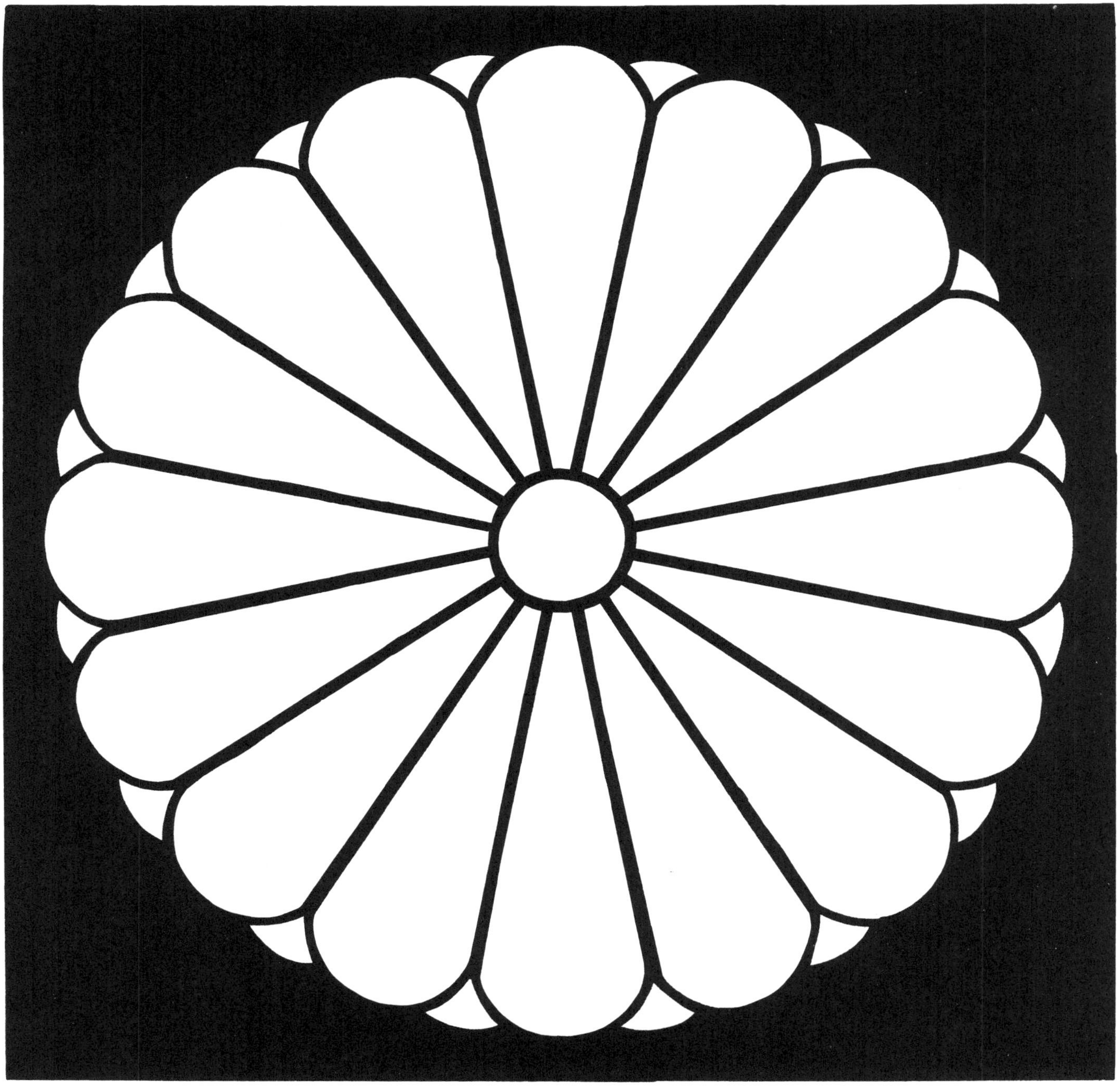

Das Pilgerkreuz

Die Aussicht vom Ölberg ist so fremdartig schön und dabei so außerordentlich fesselnd und anregend, dass sie sich mit unauslöschlichen Zügen in die Seele prägt und niemand sie vergessen kann. Von Norden her leuchtet dem Auge die Anhöhe von Nabi Samuel entgegen, von der aus schon zahllose müde Pilger den ersten Blick auf dem ersehnten Zion ruhen ließen ...
Wenn der Abend naht, wenn die Sonne tief steht und die weißen Höhen im Vordergrund der Landschaft ihren blendenden Schimmer verloren haben, wird die Färbung der entfernteren Berge unaussprechlich schön, und das wechselnde Licht bringt so zahlreiche und so verschiedenartige Tinten hervor, dass es unmöglich sein würde, sie auf der Leinwand festzuhalten.

Ebers und Guthe, Der erste Blick auf Jerusalem, Reisebeschreibung aus dem Jahr 1883

Die Form dieses Kreuzes wird als Jerusalemkreuz bezeichnet. Die ursprüngliche Inschrift auf den vier langen Kreuzbalken lautet: Amor Christi crucifixi traxit nos – die Liebe des gekreuzigten Christus hat uns vorwärts gezogen. Das große Kreuz in der Mitte wird traditionell mit Christus gleichgesetzt, die vier kleinen Kreuze in den vier Quadranten stehen für die vier Evangelisten Matthäus, Markus, Lukas und Johannes. Andere sprechen von den fünf Wundmalen Christi (Hände, Füße, Seite). Im elften Jahrhundert hatte der Kreuzritter Gottfried von Bouillon das Jerusalemkreuz zum Staatswappen des von ihm gegründeten Königreichs Jerusalem erklärt. Seine Farbwahl Gold auf Silber (Gelb auf Weiß) verstieß bewusst gegen die damals geltende Regel der Heraldik, dass niemals Metall an Metall grenzen durfte. Er wollte damit seine Mission als Beschützer des heiligen Grabes hervorheben. Noch heute sind es die Farben des Papstes und des Vatikans.

Goldenes Ehrenkreuz für Jerusalempilger, Silber vergoldet, aus der Zeit des Pontifikats von Papst Leo XIII. (1810–1903), Vatikan Staat, zwischen 1878 und 1903 ▶

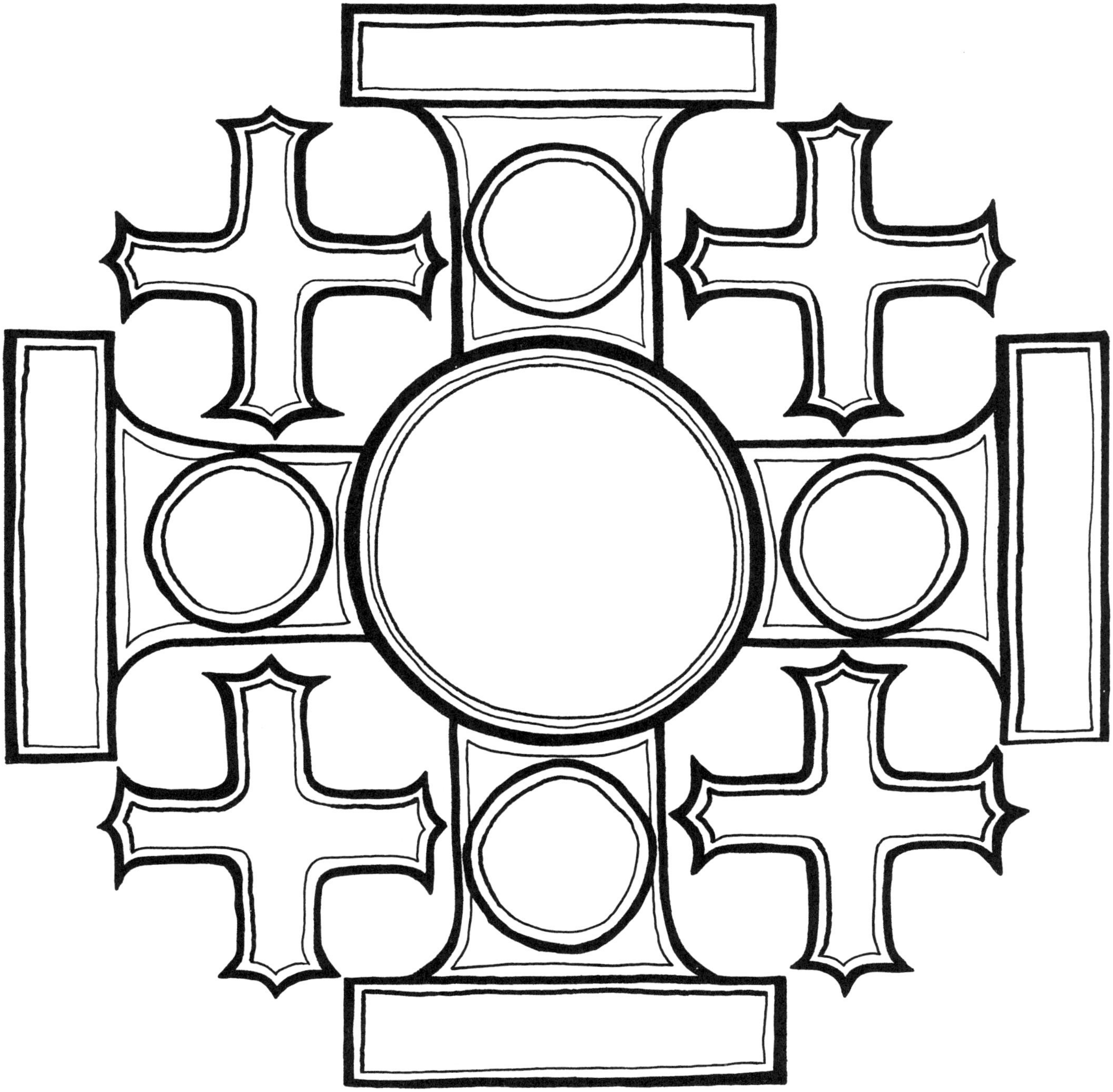

Die sechs Paläste

In fließendem Wasser
kann man sein eigenes Bild nicht sehen,
wohl aber in ruhendem Wasser.
Nur wer selber ruhig bleibt,
kann zur Ruhestätte all dessen werden,
was Ruhe sucht.

Laotse

Mitten in Beijing (Peking) steht hinter einer zehn Meter hohen Mauer der größte und am besten erhaltene Palastkomplex der Welt: Die »verbotene Stadt« war Jahrhunderte lang luxuriöser und streng bewachter Wohnsitz der chinesischen Kaiser. Unter den 9999 prunkvollen Räumen befinden sich die sechs Westlichen und die sechs Östlichen Paläste.
Im Westen liegen der Palast der Gesammelten Eleganz, der Palast der Verkörperten Harmonie, der Palast zum Beistand der Kaiserin, der Palast des Immerwährenden Frühlings, der Palast des verkörperten Ursprungs und der Palast des Höchsten Prinzips. Die sechs östlichen Paläste sind der Strahlenden Menschlichkeit, dem Himmlischen Erbe, der Gesammelten Essenz, dem Verlängerten Glück, der Ewigen Harmonie und der Strahlenden Sonne gewidmet.
In welchem dieser Paläste möchten Sie sich sammeln und regenerieren? Welchem Ihrer Wohnräume würde das entsprechen? Versäumen Sie nicht, bei diesem Mandala zur inneren Harmonisierung die Farbe Rot zu verwenden, sie gilt in China als die Glück verheißende Farbe schlechthin und schmückt darum unzählige Mauern und Säulen in der »purpurnen verbotenen Stadt«.

Chinesische Dekormalerei, weiße, schwarzbraune und dunkelrote Linien auf grünem Fond, aus einem viktorianischen Buch über Ornamente, London, 1856 ▶

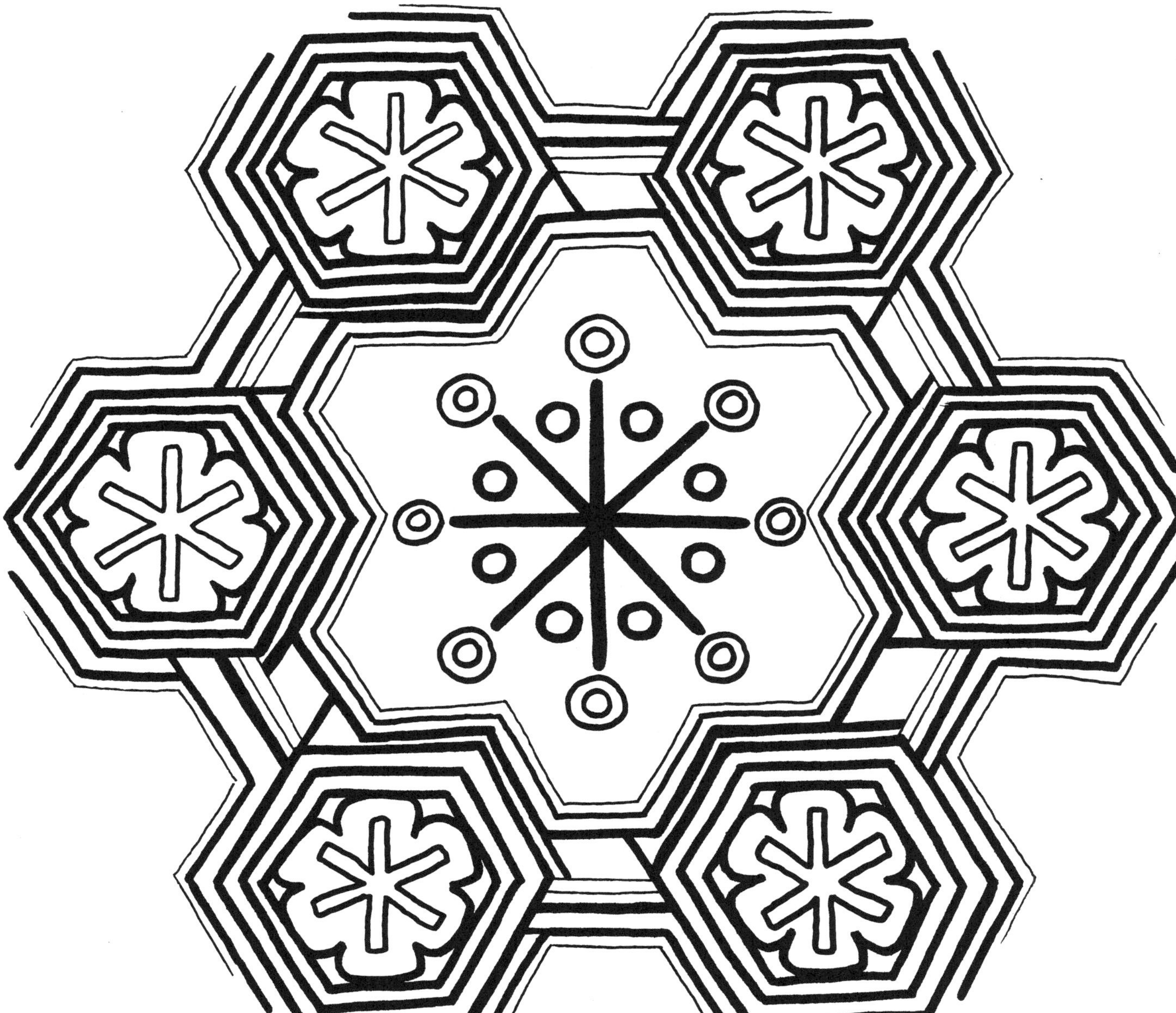

Die Quintessenz

Die Erde ist eine Schale von dunklem Gold:
wie schäumt das Licht in ihr und flutet über ihren Rand
und hellauf perlen daraus die Sterne.
Dieser eine Tropfen Seligkeit
macht mich zu einem köstlichen Gefäß.

Georg Büchner, Leonce und Lena

Das geozentrische Weltbild, basierend auf den Berechnungen des alexandrinischen Astronomen Ptolemäus, besagte, dass die Erde der fixe Mittelpunkt des Universums sei. Alle anderen Himmelskörper bewegten sich demnach in vollkommener Ordnung auf Kreisbahnen um die Erde herum. Diese Weltsicht beruhte auch auf der Beobachtung der Schwerkraft. Man glaubte, dass es alles Schwere zurück zu seinem Ursprung, den Mittelpunkt der Welt, ziehen würde. Von der Sonne und den Planeten glaubte man dagegen, dass sie aus einem nichtirdischen »fünften Element« (lateinisch quinta essentia, »Quintessenz«) bestünden, dessen natürliche Bewegung die Kreisbahn sei. Erst Johannes Kepler konnte mit seiner Berechnung der ellipsenförmigen Umlaufbahnen der Planeten beweisen, dass sich die Erde um die Sonne dreht.
Heute gilt seine Lehre als überholt. Dank der Erkenntnisse über den Aufbau und die Rotation der Milchstraße konnte man auch die Sonne nicht mehr als Mittelpunkt des Universums betrachten. Die moderne naturwissenschaftliche Kosmologie geht jetzt davon aus, dass es kein absolutes Zentrum des Universums gibt.
Hier können Sie sich meditierend Ihrer eigenen Quintessenz zuwenden: Was betrachten Sie als den Mittelpunkt Ihres Lebens, Ihrer Welt?

Ptolomäische Sphäre mit der Erde als fixem Zentrum,
Abbildung aus Ephraim Chambers (1680–1740) bahnbrechendem enzyklopädischen Werk
Cyclopaedia: or, An Universal Dictionary of Arts and Sciences, London, Großbritannien, 1728 ▶

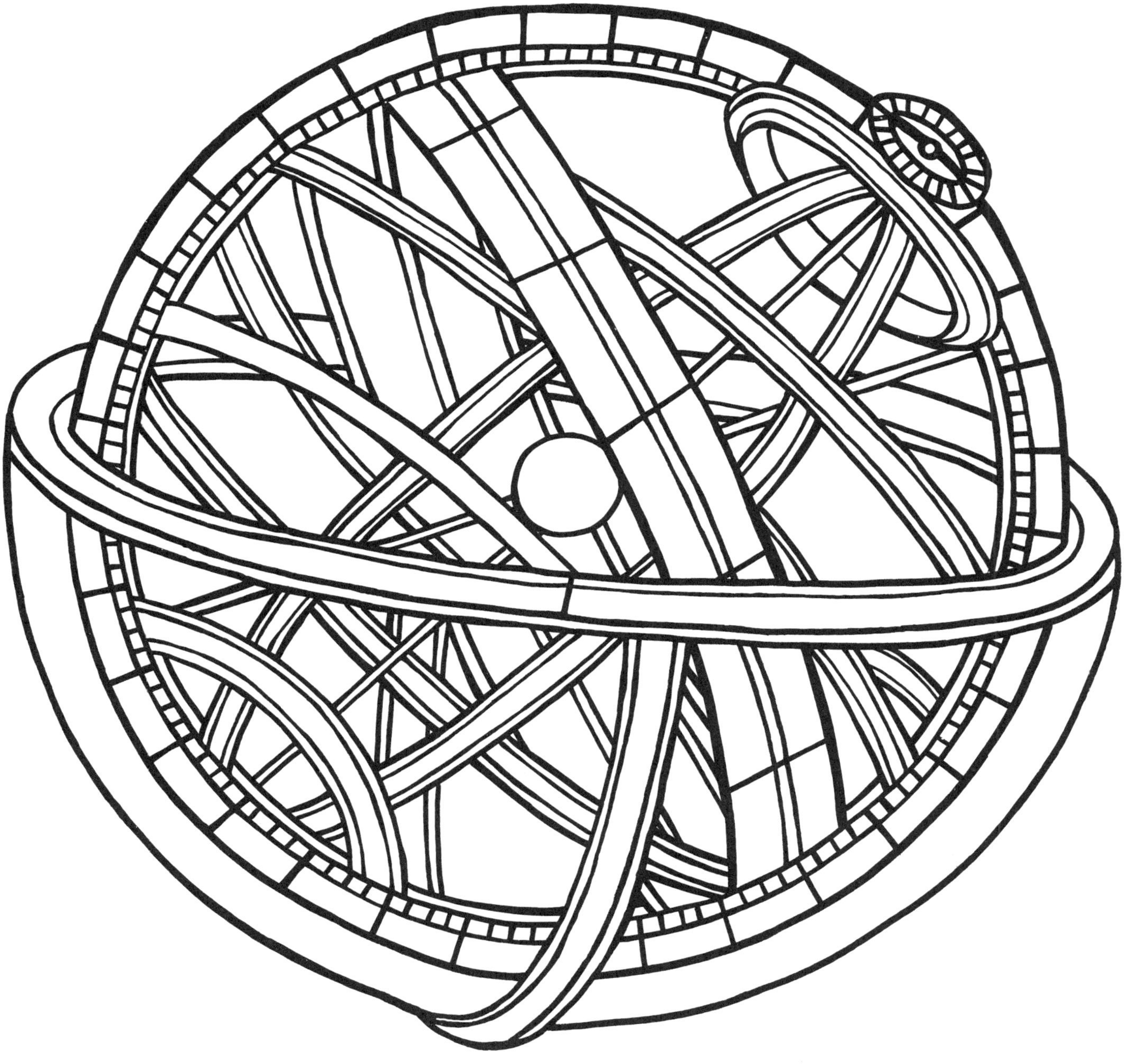

Das Rad der Welt

Die Welt ist nur ein Rad, ein immer drehend Rund,
Gehst du mit Lust hinein, so kommst du mit ans Treiben.
Gott ist der Mittelpunkt; kehr ein in 'n Seelengrund!
Wer da gesammelt ist, kann still und ruhig bleiben.

Gerhard Tersteegen

Das runde Fenster in der Westfassade von Chartres hat den gewaltigen Durchmesser von 13,36 m und ist damit das wohl größte Rosenfenster der Gotik. Außen sieht man ein riesiges Rad, innen eine wunderschöne Rose. Das Glasfenster selbst stellt das Jüngste Gericht dar, bei dem der auferstandene Christus in der Rosenmitte von kleineren Fensterrosetten mit Engeln, Seraphim, Cherubim, den zwölf Aposteln und vier Evangelisten umgeben ist.

Die Rose enthält aber noch ein Geheimnis, das nur manchmal und nur durch das hereinfallende Licht offenbar wird: Das berühmte Labyrinth von Chartres ist im Kirchenschiff so auf dem Fußboden der Kathedrale platziert, dass bisweilen das Abbild Christi, der in der Mitte der Westrose abgebildet ist, als Lichtspiel genau im Zentrum des Labyrinths erscheint. Labyrinthe symbolisieren den Weg der Seele durch das Leben. Wer in der Nachfolge Christi durch das Labyrinth seines Lebens läuft, geht deshalb immer auf den unsichtbaren Gott zu – und sein hin und wieder sichtbares Abbild Jesus Christus.

»Entwurf für die Westrose«, Zeichnung von Villard de Honnecourt für die Kathedrale von Chartres, Frankreich. Die Rose wurde mit leichten Abweichungen um 1276 realisiert. ▶

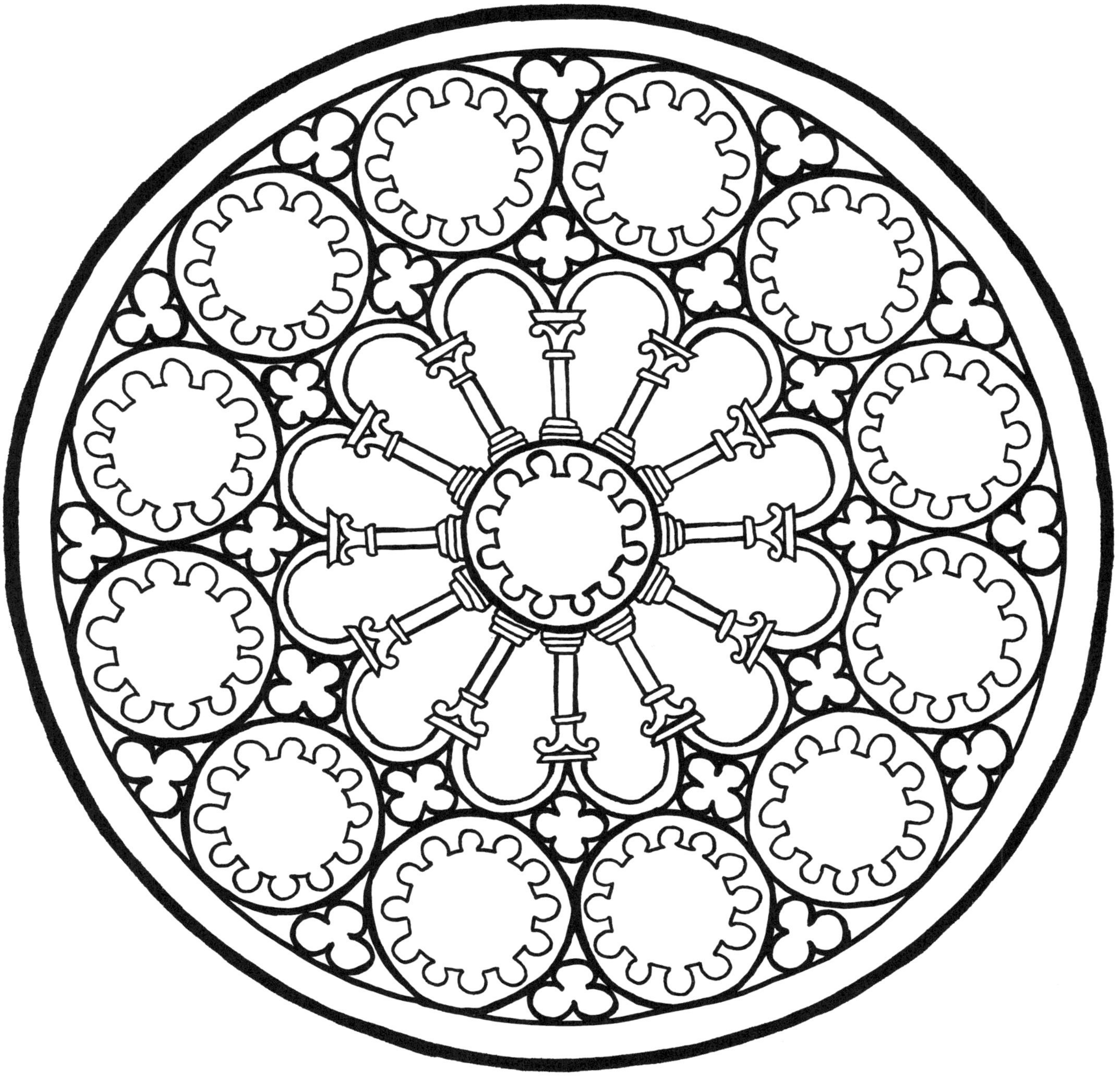

Der mystische Kreisel

Reine Kontemplation ist jener Zustand tiefer Versenkung, in dem das Subjekt zugleich »zu sehen, zu fühlen und zu denken« scheint. Durch diese spontane Übung all seiner Kräfte unter der Herrschaft der Liebe erlangt der Mystiker seine Vision des Herzens. Sie dehnt jene Fähigkeiten, die sie scheinbar außer Kraft setzt, aufs höchste aus. Das ist ähnlich wie bei einem Kreisel, der scheinbar »schläft«, während er sich aufs geschwindeste dreht.

Evelyn Underhill

Die Mystiker in West und Ost sind sich in einem einig: Keine Religion gewinnt wahre Tiefe ohne die stille Arbeit der Kontemplativen. Kontemplation ist das lebendige, bewusste Gegenstück zum unbewusst ablaufenden, blinden Agieren in der Außenwelt. Kontemplation lebt davon, dass man sich von innen her durch die sanften, aber hellwachen Kräfte des Selbst führen lässt. Das mystische Wort dafür ist Versenkung. Sie ist keineswegs eine Flucht vor der Wirklichkeit, sondern setzt ein tiefes Eindringen in das Herz der Dinge voraus. Dazu bedarf es des Schweigens und der Stille.

Wer regelmäßig ins Schweigen geht, übt sich darin, in höchster Wachheit und mit allen Sinnen für die Stille zu sorgen, in der sich alle Bewegungen des Herzens um Gott zentrieren. Mystiker kreisen nicht um sich, sondern um Gott. Aus dieser Theozentrik heraus erwachen die innersten Kräfte des Herzens, die Mystiker zu allen Zeiten motiviert haben, in der Realität für tiefgreifende Transformationen zu sorgen.

Mystisches Diagramm zur Steigerung der Kontemplation,
Illustration aus einem englischen Buch über östliche Philosophie ▶

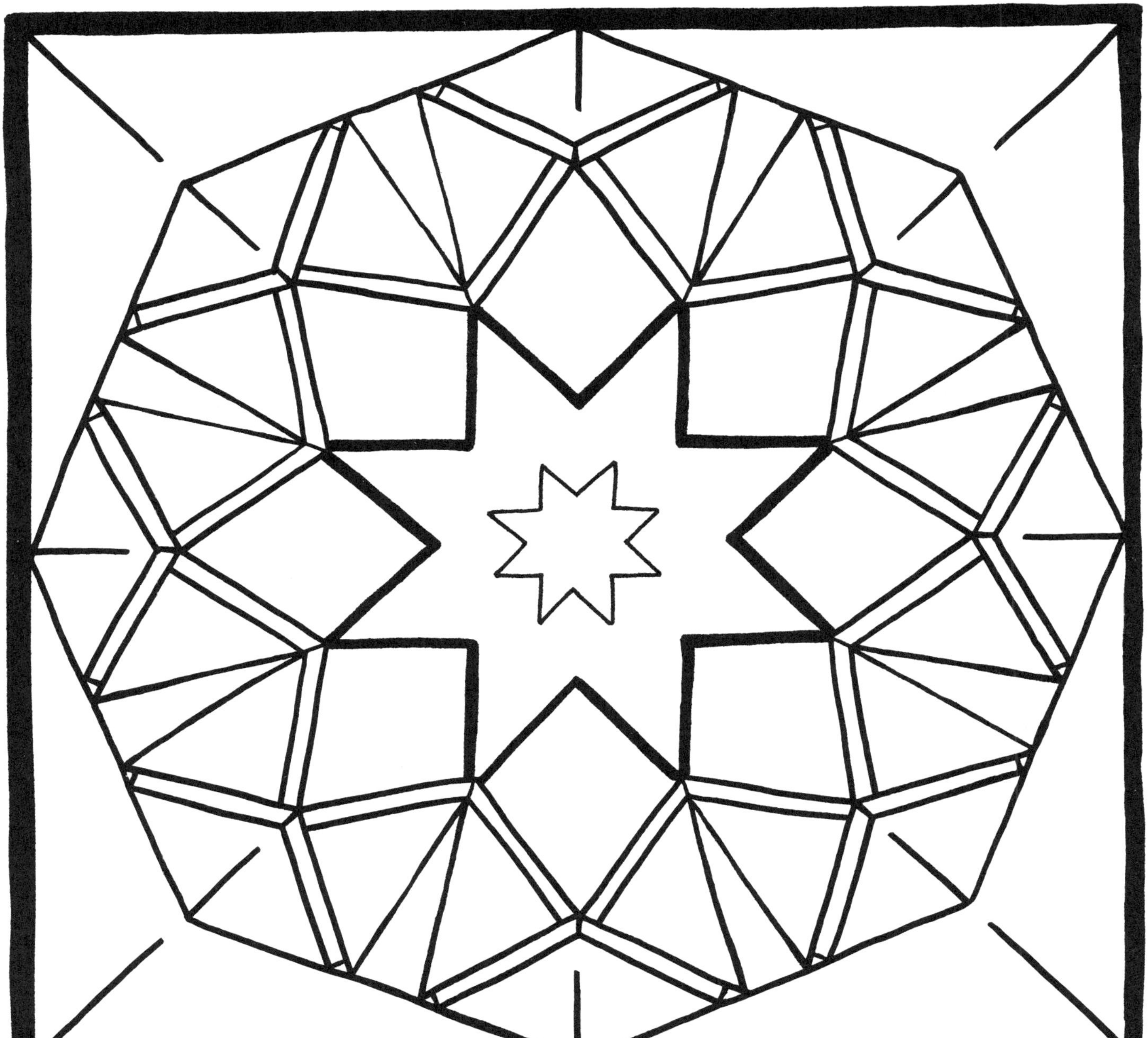

Register

Mandalas nach Motiven

Blüte

Blüte und Frucht S. 35
Mecklenburger Papierrose S. 65
Die Rosenblüte S. 99
Die Rose von Cluny S. 111
Der Lotus von Ninive S. 143
Das edle Zeichen S. 145

Flechtwerk

Der Brunnen von Pera S. 29
Die Fibel des Langobarden S. 71
Die leuchtende Spur S. 85
Das Bild unter unseren Füßen S. 93
Die Stille der Dinge S. 121
Die Karawane der Liebe S. 135

Kreuz

Die Wappen von Canterbury S. 31
Die Herrlichkeit Gottes S. 55
Das schwebende Leben S. 63
Das Pilgerkreuz S. 147

Rad, Ring, Kreis

Am Musenhof S. 27
Das Himmelstor S. 33
Das Licht der inneren Kirche S. 43
Im Muschelhaus S. 49
Der Ruf an alle Dinge S. 57
Der gute Draht S. 59
Die Fibel des Langobarden S. 71
Am Ohr der Weisheit S. 83
Das Bild unter unseren Füßen S. 93
Im Kreis der bunten Federn S. 109
Die Bärenfestung S. 115
Das innere Paradies S. 119
Der Kalenderstein S. 123
Der Ring der Wiederkehr S. 137
Das Rad der Welt S. 153

Rosette

Der Geist der Gelehrten S. 37
Das Licht der inneren Kirche S. 43
Die Tür zur Stille S. 47
Das Gute in allem S. 79
Die Fenster des dunklen Glaubens S. 81
Die Ruhe der Mönche S. 87
Die Welt des Türmers S. 103
Die Höhle des Cosmos S. 113
Die goldene Kugel S. 125
Die elf Zeichen S. 127
Das bunte Universum S. 133
Das Rad der Welt S. 153

Sonne, Erde, Mond und Planeten

Die Sonne des Kalligraphen S. 51
Feuer und Wasser S. 77
Im Kreis der bunten Federn S. 109
Die Höhle des Cosmos S. 113
Die Sterne des Alchemisten S. 139
Die Quintessenz S. 151

Spirale

Das Leuchten am schneidenden Wasser S. 21
Der Kreis der kleinen Schlange S. 129
Skandinavischer Wirbel S. 141

Stern

Die Farben der Weisheit S. 23
Die Schönheit des Augenblicks S. 45
Der Stern von Burgos S. 61
Die Sheshamtür S. 67
Der Hof der Inderin S. 73
Der türkische Teppich S. 75
Der geduldige Fußboden S. 79
Das Steinmetzzeichen S. 95
Das Kaleidoskop der Zeit S. 131
Die Sterne des Alchemisten S. 139
Die sechs Paläste S. 149
Der mystische Kreisel S. 155

Tiere, Pflanzen und Organismen

Der Bambuskreis S. 41
Im Muschelhaus S. 49
Der Weizenkranz S. 53
Das schwebende Leben S. 63
Die Schneeflocke S. 69
Das Ginkgoblatt S. 89
Das Gute in allem S. 97
Die Freude der Fische S. 105
Der unaussprechliche Baum S. 107
Die Natur als Künstlerin S. 117
Der Kreis der kleinen Schlange S. 129
Die goldene Kugel S. 149

Von Frauen gestaltet

Das Leuchten am schneidenden Wasser S. 21
Der Mantel aus Buchara S. 25
Die Schönheit des Augenblicks S. 45
Der Weizenkranz S. 53
Der Hof der Inderin S. 73
Die Kunst der Stachelschweine S. 91
Im Kreis der bunten Federn S. 109
Das Kaleidoskop der Zeit S. 131

Einfachere Motive für Kinder

(etwa 5 bis 10 Jahre)
Das Leuchten am schneidenden Wasser S. 21
Der Brunnen von Pera S. 29
Der Bambuskreis S. 41
Der Ruf an alle Dinge S. 57
Der gute Draht S. 59
Das Steinmetzzeichen S. 95
Kubanisches Geheimnis S. 101
Die Freude der Fische S. 105
Der unaussprechliche Baum S. 107
Im Kreis der bunten Federn S. 109
Die Bärenfestung S. 115
Der Kreis der kleinen Schlange S. 129
Skandinavischer Wirbel S. 141
Das edle Zeichen S. 145
Die sechs Paläste S. 149
Der mystische Kreisel S. 155

Mandalas nach Epochen und Kulturkreisen

Prähistorisch

Der Kreis der kleinen Schlang S. 129

Antike (griechisch, römisch)

Das Himmelstor S. 33
Die Quelle des Guten S. 39

Keltisch
Anfang und Ende S. 18
Die leuchtende Spur S. 85
Skandinavischer Wirbel S. 141

Langobardisch
Die Fibel des Langobarden S. 71

Byzantinisch
Das Licht der inneren Kirche S. 43

Mittelalter (bis 15. Jahrhundert)
Die Wappen von Canterbury S. 31
Der Geist der Gelehrten S. 37
Die Herrlichkeit Gottes S. 55
Der Stern von Burgos S. 61
Die Fenster des dunklen Glaubens S. 81
Die Ruhe der Mönche S. 87
Das Steinmetzzeichen S. 95
Das Gute in allem S. 97
Die Welt des Türmers S. 103
Der unaussprechliche Baum S. 107
Die Rose von Cluny S. 111
Die elf Zeichen S. 127
Die Karawane der Liebe S. 135
Das Rad der Welt S. 153
Das bunte Universum S. 133

Neuzeit (ab 16. Jahrhundert)
Am Musenhof S. 27
Im Muschelhaus S. 49
Die Sonne des Kalligraphen S. 51
Der Ruf an alle Dinge S. 57
Mecklenburger Papierrose S. 65
Feuer und Wasser S. 77
Die Höhle des Cosmos S. 113
Die goldene Kugel S. 125
Die Sterne des Alchemisten S. 139
Die Quintessenz S. 151

Moderne
Blüte und Frucht S. 35
Das schwebende Leben S. 63
Die Schneeflocke S. 69
Der geduldige Fußboden S. 79
Das Bild unter unseren Füßen S. 93
Die Natur als Künstlerin S. 117
Das Pilgerkreuz S. 147

Indianisch
Das Leuchten am schneidenden Wasser S. 21
Die Kunst der Stachelschweine S. 91
Im Kreis der bunten Federn S. 109
Die Bärenfestung S. 115

Nordamerika
Blüte und Frucht S. 35
Die Schönheit des Augenblicks S. 45
Der Weizenkranz S. 53
Die Bärenfestung S. 115
Das Kaleidoskop der Zeit S. 131

Lateinamerika
Die Farben der Weisheit S. 23
Kubanisches Geheimnis S. 101
Der KalendersteinS. 123

Afrika
Der gute Draht S. 59

Naher Osten (assyrisch, achamänidisch, persisch, arabisch, osmanisch, türkisch)

Der Brunnen von Pera S. 29
Der türkische Teppich S. 75
Am Ohr der Weisheit S. 83
Die Rosenblüte S. 99
Die Freude der Fische S. 105
Die Stille der Dinge S. 121
Der Lotus von Ninive S. 143

Zentralasien

Der Mantel aus Buchara S. 25

China

Die Tür zur Stille S. 47
Die sechs Paläste S. 149

Indien

Die Sheshamtür S. 67
Der Hof der Inderin S. 73
Der mystische Kreisel S. 155

Japan

Der Bambuskreis S. 41
Das Ginkgoblatt S. 89
Das edle Zeichen S. 145

Pazifik

Das innere Paradies S. 119
Der Ring der Wiederkehr S. 137

Titel der Mandalas

Anfang und Ende S. 19
Das Leuchten am schneidenden Wasser S. 21
Die Farben der Weisheit S. 23
Der Mantel von Buchara S. 25
Am Musenhof S. 27
Der Brunnen von Pera S. 29
Die Wappen von Canterbury S. 31
Das Himmelstor S. 33
Blüte und Frucht S. 35
Der Geist der Gelehrten S. 37
Die Quelle des Guten S. 39
Der Bambuskreis S. 41
Das Licht der inneren Kirche S. 43
Die Schönheit des Augenblicks S. 45
Die Tür zur Stille S. 47
Im Muschelhaus S. 49
Die Sonne des Kalligraphen S. 51
Der Weizenkranz S. 53
Die Herrlichkeit Gottes S. 55
Der Ruf an alle Dinge S. 57
Der gute Draht S. 59
Der Stern von Burgos S. 61
Das schwebende Leben S. 63
Mecklenburger Papierrose S. 65
Die Sheshamtür S. 67
Die Schneeflocke S. 69
Die Fibel des Langobarden S. 71
Der Hof der Inderin S. 73
Der türkische Teppich S. 75
Feuer und Wasser S. 77
Der geduldige Fußboden S. 79
Die Fenster des dunklen Glaubens S. 81
Am Ohr der Weisheit S. 83
Die leuchtende Spur S. 85
Die Ruhe der Mönche S. 87
Das Ginkgoblatt S. 89
Die Kunst der Stachelschweine S. 91
Das Bild unter unseren Füßen S. 93
Das Steinmetzzeichen S. 95
Das Gute in allem S. 97
Die Rosenblüte S. 99
Kubanisches Geheimnis S. 101
Die Welt des Türmers S. 103
Die Freude der Fische S. 105
Der unaussprechliche Baum S. 107
Im Kreis der bunten Federn S. 109
Die Rose von Cluny S. 111
Die Höhle des Cosmos S. 113
Die Bärenfestung S. 115
Die Natur als Künstlerin S. 117
Das innere Paradies S. 119
Die Stille der Dinge S. 121
Der Kalenderstein S. 123
Die goldene Kugel S. 125
Die elf Zeichen S. 127
Der Kreis der kleinen Schlange S. 129
Das Kaleidoskop der Zeit S. 131
Das bunte Universum S. 133
Die Karawane der Liebe S. 135
Der Ring der Wiederkehr S. 137
Die Sterne des Alchemisten S. 139
Skandinavischer Wirbel S. 141
Der Lotus von Ninive S. 143
Das edle Zeichen S. 145
Das Pilgerkreuz S. 147
Die sechs Paläste S. 149
Die Quintessenz S. 151
Das Rad der Welt S. 153
Der mystische Kreisel S. 155

Die Autoren

Marion Küstenmacher arbeitete nach dem Studium der evangelischen Theologie und Germanistik als Verlagslektorin an der Schnittstelle von Spiritualität und Psychologie. Es folgte eine internationale Tätigkeit als Trainerin für Persönlichkeitsentwicklung. Heute liegt ihr Schwerpunkt auf dem Schreiben spiritueller Bücher, u. a. „Mystik für Kinder".

Werner Tiki Küstenmacher studierte evangelische Theologie und absolvierte eine journalistische Ausbildung. Bis 1990 war er in der Medienarbeit der bayerischen Landeskirche beschäftigt, unter anderem als Moderator bei SAT1. Heute ist er Pfarrer im Ehrenamt, freier Autor und Karikaturist. Das bekannteste seiner zahlreichen Bücher ist „Simplify your life", das in 35 Sprachen übersetzt wurde. Er hat regelmäßige Sendungen im ZDF und Radio Bayern 1.

Marion und Werner Küstenmacher leben in Gröbenzell bei München und haben drei Kinder. Gemeinsam schrieben sie die Bestseller „Simplify your love", „Energie und Kraft durch Mandalas" und „Neue Wege finden – Labyrinthe"

Impressum

978-3-8094-3001-8

Sonderausgabe 2012 by Bassermann Verlag, einem Unternehmen der Verlagsgruppe Random House GmbH, 81673 München

Redaktion: Nina Andres
Satz und Layout: Filmsatz Schröter, München
Illustrationen: Lukas und Werner Tiki Küstenmacher (mit Ausnahme von S. 7)
Bildnachweis: S. 15 Preußischer Kulturbesitz/Hermann Buresch; S. 16 The Bridgeman Art Library

Der Text von S. 78 stammt aus: Madeleine Delbrêl, Gott einen Ort sichern. Texte - Gedichte - Gebete. Ausgewählt, übersetzt und eingeleitet von Annette Schleinzer, © Schwabenverlag, Ostfildern 2002, S. 34-36 (Auszüge)

Projektleitung dieser Ausgabe: Dr. Iris Hahner
Umschlaggestaltung: Atelier Versen, Bad Aibling
Herstellung: Sonja Storz

Druck und Bindung: Těšínská Tiskárna, Český Těšín
Printed in the Czech Republic

MIX
Papier aus verantwortungsvollen Quellen
FSC® C005833
FSC www.fsc.org

Verlagsgruppe Random House FSC®-DEU-0100
Das für dieses Buch verwendete FSC®-zertifizierte Papier *Arcoset white* liefert Fedrigoni, Italien

579/083900108X817 2635 4453 6271